우주의 중심으로 사는 법

우주의 중심으로 사는 법

이론물리학자가 말하는
마음껏 실패할 자유

김현철 지음

갈매나무

머리말

우주가 태어난 지 138억 년, 우리의 나이는 오래 살아야 백 살이다. 우주의 나이를 1년이라고 하면 우리의 인생은 0.2초쯤 살다 가는 찰나에 불과하다. 그렇다고 아무런 의미가 없는 것은 아니다. 우주의 역사가 켜켜이 쌓여 우리가 태어났다. 그 역사의 축적으로 태어난 우리는 비록 우주를 떠도는 먼지만큼 작을지라도 우주의 중심이 될 만큼 존엄하다. 누구에게나 살아가야 할 자기만의 삶이 있어서 그렇다.

삶을 주도적으로 사는 건 쉽지 않다. 교육의 진정한 의미는 내 속에 숨은 능력을 끄집어내는 데 있지만, 그런 건 잊혀진 지 이미 오래다. 오히려 인간답게 살기 위해서는 의대나 법대에 들어가야 하고 명문대에 들어가야 한다고 믿는 세상이 되었다. 학생들은 거기에 속하지 못하면 마치 실패한 것처럼 느낀다. 그것은 오직 남들보다 앞서겠다는 일차원적인 욕망에 기인한다. 무엇이 된다는 것은 정해진 직업군 중 하나에 속하는 일일 뿐이지만, 무엇을 한다는 것은 내 앞에 놓인 수없이 많은 가능성 중 하나를 선택하는 일이다. 우주의 중심으로 나만의 삶을 사는 것은 무엇이 되는 데서 오지 않고 내가 무엇을 하느냐에 달려 있다.

*

러시아 수학자 그리고리 페렐만Григорий Перельман은 2002년, 백만 불의 상금이 걸려 있는 밀레니엄 수학 문제 중 하나인 '푸앵카레의 추측'을 증명했다. 그러나 페렐만은 백만 불 상금도 거부했고, 사십 세 미만의 수학자에게 주는 필즈 메달도 거부했다. 유명한 대학에서 교수로 와 달라는 초빙도 거절했다. 정부에서 주겠다는 연금조차도 거부했다. 누군가 왜 그렇게 사느냐고 물었을 때 푸앵카레의 추측을 증명하면서 수학자로서 자기가 할 역할은 끝났다고 대답했다. 극단적일지는 몰라도 그는 자신의 삶을 어떻게 살지 스스로 선택했다.

일본 소설가 마루야마 겐지丸山健二는 〈여름의 흐름夏の流れ〉이라는 소설로 1966년에 최연소로 아쿠타가와상을 받았다. 이후로 그는 문단과 선을 긋고 그 어떤 문학상도 거부한 채 시골에서 창작에만 몰두하고 있다. 마루야마는 산문집《인생 따위 엿이나 먹어라 人生なんてくそくらえ》(바다출판사, 2024)에서 자신의 인생론을 펼쳤다. 독설로 넘치는 책이지만, 생각할 여지가 많다.

페렐만과 마루야마, 두 사람의 삶은 과격하고 지나치다고 느껴지지만 우리에게 중요한 질문을 던진다. 나는 정말 내가 원하는 삶을 살고 있는가? 이 책을 쓴 이유는 이 질문에 답하고 싶어서였다. 부모의 바람대로 명문대나 의대, 법대에 들어가지 못했다고 큰일 나는 것도 아니다. 우주의 나이에 비해 찰나처럼 보여도 내가 살아가야 할 인생은 생각보다 길다. 남들의 눈치를 보며 살고 사회에서 정한 틀에 맞춰 사는 건 내 삶을 내 뜻대로 존엄하게 사는 것과 거리가 멀다. 학연과 지연, 혈연이 안전해 보여도 멀리 보면 날 옭아매는 사슬이기도 하다.

세상이 바뀌지 않는다고 냉소해 봐야 우리에게 돌아오는 것은 없다. 누군가 선지자 무함마드에게 이렇게 도전했다. 진정 당신이 선지자라면, 저 산을 움직여 보라고. 그때 무함마드는 이렇게 말했다.

"저 산이 내게 오지 않는다면, 내가 저 산으로 가겠다."

참으로 멋진 대답이다. 세상이 변하지 않는다면, 내가 변하면 된다. 학벌과 사회가 날 정해진 틀 안에 욱여넣으려 들 때, 주도적으로 산다는 건 그 틀에 저항하며 오직 내 길을 가는 것이다.

*

나는 어떻게 사는 것이 주도적으로 사는 것인지 깨닫기까지 오래 걸렸다. 오롯이 내 삶을 산다는 것이 무엇인지 서서히 깨우쳤다. 내가 그랬듯이 내게서 배운 옛 제자들도 주도적으로 자신의 삶을 결정했다. 최선을 다해 공부했고, 자기가 나아갈 길을 개척했다. 이론물리학을 전공했다고 모두가 학계에 남은 것도 아니었다. 정말 하고 싶은 걸 하며 살기 위해 중간에 물리학을 떠난 이도 있었다. 물리학은 이제 충분히 공부했다고 여기고 회사로 간 친구들도 있었다. 그리고 물리학은 이제 공부하면서 학문의 아름다움에 감동하며 물리학을 계속 연구하는 이도 있었다. 어떤 삶을 살든지 그들은 주도적으로 자신의 길을 선택했다. 내가 원하는 삶을 산다는 것이 그런 것이다.

한평생 물리학을 하면서 살았으므로 물리학을 공부하면서 성장한 이야기를 주로 할 수밖에 없었다. 그러나 무슨 일을 하든지 주도적으로 삶을 사는 법은 같다. 내 삶의 중심은 내가 되어야 한다. 은퇴가 가까워지면 이 책에 적은 이야기를 10대·20대 청년들에게 꼭 들려주고 싶었다. 지금까지 기다린 이유는, 자신의 삶을 주도적으로 사는 것이 무엇인지 보여줄 근거가 필요해서였다. 과연 내 생각이 옳은지 따져볼 시간도 필요했다. 대학원에서 학생들을 가르치며, 그들이 변하는 걸 지켜봤다. 학생마다 처한 상황이 다르고 성향과 고민도 달랐다. 저마다 사연이 있었다. 자기 속에 숨겨진 잠재력을 끌어냈을 때, 그들의 인생이 어떻게 변화해 가는지도 지켜보았다. 이제는 사람들에게 들려줘도 될 만큼 이야기가 무르익었다. 무엇보다도 대학에 갓 들어온 신입생들에게 이 책에 담긴 이야기를 꼭 들려주고 싶다. 내가 그랬듯이, 명문대가 아니더라도 자신들이 입학한 대학이 어쩌면 여러분에게도 훗날 신의 한 수가 될지도 모른다.

지금 실패했다고 끝이 아니다. 수없이 실패했다고 해도 끝이 아니다. 아니, 정확하게 말하면 그것은 실패가 아니라 당신의 삶이 깊이 뿌리내려 흔들리지 않도록 도와줄 양분이다. 그것은 훗날 당신의 역사를 찬란히 빛나게 해줄 이야기의 줄기

들이다. 그러므로 당신은 마땅히 스스로 삶의 주인이어야 하고, 우주의 중심으로 살아갈 이유는 그것으로 충분하다.

차례

머리말   4

1부 지구가 태양의 주위를 돌기까지

1. 길든다는 것   16
: 동종교배는 종을 무너뜨린다

2. 실패할 자유   27
: 시가 인생에 신의 한 수였음을

3. 내 안의 학벌주의   38
: 실력으로 이겨내겠다는 미몽

4. 값을 치를 준비   47
: 왕도는 없다, 그저 시도할 뿐

5. 내가 갈 길은 어디인가?   57
: 흥미가 있다면, 결국 일가를 이룰 것

2부 혼돈을 품어야 별을 낳는다

6. 소심심고 素心深考   64
   : 잘게 쪼갠 뒤에 해결하라

7. 핵물리학이라는 속살   72
   : 자연의 가장 깊숙한 곳을 향하다

8. 핵자와의 만남   79
   : 물리학에 눈을 뜨다

9. 함께하는 연구   87
   : 따바리쉬의 마음

10. 스치는 바람을 잡다   94
   : 기회는 햇살 아래 안개 같은 것

3부 실로 어마어마한, 사람이라는 우주

11. 고통의 시작   100
   : 새로운 스승, 새로운 배움

12. 반례가 되다   111
   : 모두가 안 된다고만 했던

13. 과학하는 태도   121
: 클라우스와 막심과의 인연

14. 범재가 천재를 만났을 때   135
: 우리는 우리가 할 수 있는 일을

4부 저렇게 많은 별 중에서, 어디서 무엇이 되어

15. 제자라는 별   146
: 어떤 교수가 될 것인가?

16. 두 가지 약속   157
: 어떤 동료가 되어줄 것인가?

17. 뿌리 깊은 나무   165
: 첫 제자의 준비된 변신

18. 다섯 개의 쿼크   177
: 가르침의 실패와 희열

19. 소가 동그랗다고 가정합시다   188
: 과대평가와 과소평가

20. 실패는 배신하지 않는다   198
: 물리학자의 가장 위대한 도구

5부 진화는 반복된 실패의 결과다

21. 사람을 기른다는 것   208
　: 가르치며 배우며

22. 무엇을 위해 공부하는가?   218
　: 물리학은 비판적으로 생각하는 태도다

23. 사람은 변하지 않는다?   230
　: 잠재력이 스스로 날개를 펴는 순간

24. 숨마 쿰 라우데   241
　: 모든 변화는 한 사람부터

25. 진주가 생겨나기까지   253
　: 중요한 건 포기하지 않는 마음

감사의 말   266

1부

지구가 태양의 주위를 돌기까지

1. 길든다는 것
: 동종교배는 종을 무너뜨린다

1998년, 부산대 교수가 된 지 며칠 지나지 않았을 때였다. 같은 과 동료가 날 이렇게 일컬었다.

"인하대 나온 사람이 잘할까요?"

독일에서 8년 동안 지내면서 들어본 적이 없는 말이었다. 드디어 한국으로 돌아온 게 실감 났다. 쓴웃음이 나왔다.

'서른 명 넘게 지원한 사람 중에서 고르고 골라 뽑은 사람을 두고서도 학벌을 운운하는구나.'

인하대를 졸업했다는 사실은 이마에 새겨 넣은 주홍글씨였다. 그에게는 당시의 내가 누구인지 중요하지 않았다. 그의 시선은 여전히 나의 대학 입시 성적에 고정되어 있었다.

그해에 한국은 1997년 외환위기에 직격탄을 맞아 무너져 내렸다. 그토록 좋은 학벌을 지닌 정부 고위 관료들과 기업 대표들은 국제 흐름을 제대로 파악하지도, 올바른 판단을 내리지도 못했다. 나라를 이끈다는 '고학벌 엘리트'들이 무능한 데다 책임감까지 없었으니 나라는 외환위기에 속수무책으로 당할 수밖에 없었다.

매일 스스로 목숨을 끊는 이들의 소식이 들려왔다. 자살은 1998년을 규정하는 병리 현상이었다. 1990년에 자살한 사람의 수는 인구 십만 명당 9.8명이었지만, 1998년에는 19.9명으로 두 배 이상 늘어났다. 암울한 기운이 전국을 뒤덮었다.

삶이 고통스러운 만큼 사람들이 우리 사회의 문제를 진지하게 되돌아보리라고 여겼다. 거기에는 교육도 포함될 거라고 믿었다. 한 번씩 연구실 제자들에게 이렇게 말하곤 했다.

"IMF 사태를 이겨내고 나면, 우리도 좀 달라질 거야. 한 20년쯤 지나면, 우리도 학벌 같은 껍데기보다는 알맹이에 집중하리라고 봐. 진짜 실력 말이야. 무엇이 문제인지 깨달았으니, 교육도 좀 나아지지 않을까?"

내 예측은 여지없이 깨지고 말았다. 교사들의 폭력은 사라졌지만, 또 다른 폭력이 학생들을 옥죄었다. 패배를 경험한 부모들은 더욱 잔혹해진 경쟁으로 자녀들을 내몰았다. 학벌주의의 요새는 공고해져 계급으로 굳어졌고, 아이들의 꿈 따위는 단칼에 무시되었다. 어떻게든 명문대에 입학하고, 의대에 들어가고, 법학전문대학원에 들어가는 데 유리한 전공을 선택하는 것만이 지상명령이 되고 말았다. 외환위기의 고통은 오히려 더 나은 직업과 학벌을 획득해 타인으로부터 자신을 구별 짓고 싶은 욕망을 강화했다.

교수가 된 뒤에 만난 신입생 중에서는 입시 성적을 충분히 받지 못해 원했던 대학에 가지 못한 학생이 종종 있었다. 그들은 출신 학교라는 족쇄에 매여 기가 죽어 있다가, 결국 다니던 학교를 그만두고 반수나 재수를 했다. 자기가 원하는 학과를 가고 싶어서가 아니라 단지 더 나은 학교에 가고 싶어서였다. 그런 마음이 알게 모르게 사회가 세워 놓은 틀에 길들은 결과임을 그 학생들은 알았을까? 지금 있는 곳에서 다시 시작해도 원하는 길을 갈 수 있다는 사실을 그들은 몰랐다.

*

다른 나라는 어떨까? 먼저 독일은 대학 간 서열이 없다. 단지 특정 분야를 잘하는 대학이 있을 뿐이다. 내가 학생으로 있었던 독일의 본 대학만 해도 수학과가 유럽 전체에서 내로라 할 만큼 경쟁력이 있었다. 그리고 대학 내에 에너지가 꽤 높은 가속기가 있고 노벨 물리학상을 받은 볼프강 파울 Wolfgang Paul 이 물리학연구소를 이끌고 있어 핵물리학 분야의 명성이 자자했다. 응집물질물리학 분야는 슈투트가르트 대학에서 잘하고, 입자물리학에서는 뮌헨 대학이나 함부르크 대학이 뛰어났다. 독일의 대학들은 학교마다 잘하는 분야와 내려오는 전통이 달랐고, 각 대학만의 문화가 있었다.

일본도 한국과 비슷하게 도쿄대와 교토대를 나온 사람들에게 이점이 있지만, 두 대학을 나오지 않아도 훌륭하게 연구하는 물리학자가 많았다. 사회에서는 모르겠지만, 적어도 물리학 분야에서 학벌을 대놓고 견주는 걸 본 적이 없었다. 노벨 물리학상을 받은 일본 학자 중에서 도쿄대와 교토대 출신도 있었지만, 고베대, 나가사키대, 나고야대, 도쿠시마대, 사이타마대, 야마나시대, 홋카이도대를 나온 이들도 있었다. 그들에게 중요한 건, 학벌이 아니라 얼마나 남들과 다르게 생각하느냐였다.

생물학에서 근교약세 Inbreeding depression 라는 말이 있다. 동종교배는 눈에 띄지 않는 곳부터 종을 무너뜨린다는 뜻이다. 면

역력은 서서히 약화되고, 작은 변화에도 견디지 못한다. 같은 학교, 같은 스승, 같은 인맥이 빚어낸 폐쇄적 구조는 처음에는 안정적으로 보이지만 결국 관용을 잃고 변화에 둔감해진다. 생각이 다르면 배척하고, 배움은 안으로만 굴절된다. 1997년 외환위기를 피하지 못했던 것도 2024년 자가당착에 빠진 한 줌의 엘리트들이 비상계엄 사태를 초래한 것도 동종교배가 한 원인이었다.

*

내게도 꿈이 있던 날이 있었다. 중학생일 때 계몽사에서 나온 열두 권짜리 《소년소녀 과학전집》을 읽으며 과학에 흥미를 느꼈다. 그 책에는 알베르트 아인슈타인Albert Einstein의 이야기도 있었다. 1905년, 아인슈타인은 열다섯 살 때 떠오른 생각을 십 년 넘도록 곰삭혀 '특수상대성이론'을 내놓았다. 논문에는 단 하나의 참고문헌도 달리지 않았다. 논문 맨 마지막에는 이렇게 적혀 있을 뿐이었다.

"항상 곁에서 조언을 아끼지 않고, 영감을 준 친구이자 동료인 베소에게 감사한다."

그리고 다시 십 년이 흐른 뒤, 그는 인류 역사를 통틀어 가장 위대한 이론이라 일컫는 '일반상대성이론'을 오직 치열한 사유만으로 이뤄냈다. 그는 내 마음을 흔들어 놓았다. 특수상대성이론이 무엇인지 일반상대성이론은 또 무엇인지 전혀 몰랐지만, 물리학에서 가장 위대한 이론을 완성한 분이라는 사실에 압도되었다. 나도 이론물리학자가 되고 싶었다.

고등학교에 들어가면서 물리학자가 되겠다는 내 꿈은 산산조각이 났다. 내가 입학하게 된 고등학교는 악명 높았다. 몇몇 교사들의 폭력은 상상을 넘어섰다. 1학년 1학기가 절반쯤 지났을 무렵, 중간시험 기간에 공포를 경험했다. 영어 시험 시간이었다. 시험 감독은 반짝이는 대위 계급장이 달린 군복을 입은 교련 선생이었다. 입술에는 힘이 잔뜩 들어가 있었고 눈빛은 사냥감을 노리는 맹수와 같았다. 시험이 시작된 지 얼마 지나지 않아 그가 물었다.

"너희 반에서 누가 영어를 가장 잘해?"

문제를 푸느라 여념이 없던 학생들은 아무도 그의 질문에 대답하지 않았다. 그러자 선생의 목소리가 높아졌다.

"이 자식들 봐라. 선생이 묻는데 대답을 안 해?"

여전히 답변이 없었다. 그러자 그의 언성에서 분노가 비쳤다.

"대답 안 해? 좋아, 그러면 시험 기간이 끝나면 모두 운동장에 집합해."

두려움이 먹장구름처럼 몰려왔다. 학생들은 더욱 입을 굳게 다물었다. 그의 화가 터져 나왔다.

"대답 안 해? 오늘 시험 끝난 뒤, 운동장에 집합해!"

시험이 끝나자마자 우리는 서둘러 운동장에 모였다. 교련 선생은 우리에게 "예의 없고 돼먹지 않은 녀석들"이라며 욕했다. 그러더니 학생 여러 명을 시켜 가져온 모형 M1 소총을 나눠줬다. 플라스틱 안에 콘크리트를 채워 만든 소총은 무거웠다. 드디어 명령이 떨어졌다. 우리는 모형 소총의 총구 쪽을 두 손으로 붙잡고 총을 머리 위로 곧추세운 채 토끼 걸음으로 운동장을 돌았다. 그다음은 소총을 앞으로 든 채 운동장 끝에 있는 골대까지 뛰어 갔다가 되돌아오길 쉬지 않고 반복했다. 숨이 목젖까지 차올랐다. 교련 선생은 악다구니를 쳤다.

"이 새끼들, 똑바로 안 뛰어?"

늦게 도착한 학생들에게는 구타가 이어졌다. 군대에서도 50분 훈련 후에는 10분의 휴식 시간이 반드시 주어지건만, 체벌은 쉼 없이 두 시간 넘게 계속되었고 날이 어둑해져서야 끝이 났다. 그날 정문에서 버스정류장까지 이어지는 비탈길을 누구도 똑바로 걸어 내려간 이가 없었다. 걸음을 뗄 때마다 종아리와 허벅지에서는 경련이 일었다. 왜 체벌을 받아야 하는지 이유가 궁금했다.

그날, 학교란 위계의 복종을 주입하는 공간이라는 사실을 깨달았다. 그곳은 날 가르치는 곳이 아니라 길들이는 곳이었다. 오직 복종하고 선생이 가르치는 걸 아무런 의심 없이 받아들여야 하는 장소가 내가 경험한 학교였다.

그 당시 고등학교는 학생을 체제에 순응하도록 찍어내는 무자비한 틀이었다. 교사의 폭력은 틀 바깥으로 튀어나오는 가지들을 쳐내기 위한 유용한 수단이었다. 그 틀에 자신을 맞추며 학생들은 사회의 규범을 내면화해 갔다. 학벌은 정해진 규범 중에서도 가장 견고했다. 그러므로 고등학교 3년 동안 목표는 오직 좋은 대학에 들어가는 것이었다. 학생들이 원하는 대학에 들어가지 못해 인생의 낙오자가 되었다는 패배 의식에 시달리는 것도 사회의 그릇된 규범 때문이다.

겉보기에 교사들의 폭력은 거의 사라졌고 학생들의 삶도 나아진 것처럼 보이지만, 실상을 들여다보면 암울하기 그지없다. 2011년부터 2025년까지 10대와 20대 사망원인의 1위가 자살이다. 무엇이 이들을 이토록 불행하게 만든 걸까?

＊

 2004년, 나처럼 독일에서 공부하다 교수가 되어 한국으로 돌아온 분이 있었다. 그에게는 어린 딸이 있었다. 아이는 독일에서 초등학교 3학년까지 다니다가 한국 초등학교로 전학했다. 그해 여름방학이 되었을 때 그 교수는 딸을 데리고 독일에 방문했다. 아이는 독일에서 옛 친구들을 만나자마자 이렇게 말했다.

 "나 방금 지옥에서 돌아왔어!Ich bin gerade aus der Hölle zurückgekehrt!"

 아이는 학교가 끝나면 같은 반 아이들이 학원에 가버려서 친구들과 마음 놓고 어울릴 시간이 없다며 한숨지었다. 내가 고등학교에 다닐 때 느낀 기분이나 아이가 초등학교에서 느낀 감정이 크게 다르지 않았다. 아이들은 어릴 때부터 경쟁에 내몰려야 했다.

 그렇게 자라난 아이들에게 꿈을 이야기한다는 것은 언감생심이었다. 한번은 항공우주공학을 전공한 학생이 내 연구실에 들어오고 싶어 했다. 학부생 인턴으로 내 연구실에 들어온 그는 양자역학을 배우며 행복하다고 했다. 그러나 대학원 입학시험에 합격한 지 얼마 지나지 않아 그가 날 찾아왔다. 낯빛이 어두웠다.

"물리학을 전공하고 싶은데, 부모님의 반대가 심합니다. 아버지는 제가 물리학으로 전공을 바꾸면, 학비와 생활비를 끊겠다고 하십니다."

부모님의 뜻이 그렇다면 우선은 그 뜻을 따르는 게 좋지 않겠느냐고 그를 달랬다. 그 말에 학생은 내 앞에서 한참을 울었다. 하고 싶은 공부를 접어야만 하는 학생의 마음이 절절하게 전해왔다. 그렇다고 부모의 반대를 이겨내라는 말을 차마 할 수 없었다. 그의 부모 역시 꿈 따위는 살아가는 데 별 소용이 없음을 체득했을 것이다.

마음속에서는 그 학생에게 꼭 해주고 싶은 말이 끓어올랐다.

"네 부모의 인생이 아니라 네 인생이잖아. 네가 정말 원한다면, 차라리 부모와 불화하고 네 길을 걸어가."

그러나 이 말을 차마 입 밖으로 내뱉지 못했다.

*

길든다는 건 나도 모르는 사이에 이뤄진다. 모두가 당연시한다고 그것이 옳은 건 아니다. 과학의 역사는 당연하다고 여겼던 것들이 전복되면서 발전해 왔다. 이론물리학자 프리먼

다이슨은 "과학은 반역이다"라고 선언했다.

모든 사람이 천동설을 믿고 있을 때 니콜라스 코페르니쿠스 Nicolaus Copernicus 는 지동설이라는 도전장을 내밀었다. 코페르니쿠스의 저서 〈천구의 회전에 관하여 De revolutionibus orbium coelestium〉에서 '회전 revolutionibus'은 혁명이라는 뜻도 품고 있다. 세상을 바꿀 책이었지만, 당시에는 대부분이 코페르니쿠스의 혁명적인 사상에 동조하지 않았다. 그의 사상을 이어받은 갈릴레오 갈릴레이 Galileo Galilei 는 지동설을 주장한다는 이유로 핍박을 받았다. 아이작 뉴턴 Isaac Newton 에 이르러서야 비로소 만유인력의 법칙이 완성되고 천상과 지상의 법칙이 통일되었지만, 그 시작은 세상에 길들지 않았던 코페르니쿠스였다.

세상이 날 길들이려고 할 때, 거기에 순응하며 살 수 있지만 그렇게 살기에는 내 인생이 아깝다. 세상은 변하지 않아도 나는 변할 수 있다. 선택은 오롯이 나의 몫이다.

2. 실패할 자유
: 시가 인생에 신의 한 수였음을

물리학에서 법칙이란 영원히 깨지지 않는 불변이 아니다. 자연 현상을 관찰하면서 끄집어낸 자연의 규칙일 뿐이다. 법칙을 따라야 할 범주에서 벗어나는 순간, 새로운 법칙이 필요하다. 과학철학자 토머스 쿤 Thomas Kuhn 은 이 법칙이 깨어지는 순간을 패러다임의 전환이라고 불렀다. 천동설에서 벗어나 지동설을 주장한 코페르니쿠스가 그랬고, 뉴턴의 상대성이론을 뒤엎은 아인슈타인의 상대성이론이 그랬다. 고체물리학에 '고체의 비열은 온도와 상관없이 기체상수의 세 배다'라는 뒬롱-프티의 법칙 Dulong-Petit law 이 있다. 비열이란 물질의 온도를 올리는 데 드는 열이 얼마나 되는지 나타내는 척도다. 그러나 이

법칙은 고체의 온도가 낮아질수록 잘 맞지 않는다. 뒬롱-프티의 법칙을 갈아치운 건 양자역학이었다.

물리학에서 패러다임의 전환이 일어나듯이 사회의 그릇된 규범과 전통도 깨지면 좋으련만, 변화는 요원해 보인다. 개인이 변화하지 않는데 세상이 변할 리가 없다. 물리학은 눈에 보이지 않는 미시 세계가 어떻게 거시 세계를 지배하는지 연구하는 학문이기도 하다. 여기에 천착하는 분야가 통계물리학이다. 흥미롭게도 통계물리학만큼 심리학이나 사회학에서 말하는 게슈탈트를 극명하게 보여주는 학문도 드물다. 전체는 단순히 부분의 합이 아니다. 작은 것들이 모여 이룬 거대한 복잡계에서는 어느 순간 지금까지는 볼 수 없었던 현상이 나타난다. 이걸 창발 emergence 이라고 한다. 사회가 변하는 것도 마찬가지다. 변화는 한 개인에서 시작한다. 세상은 변화를 거부해도 나는 변할 수 있다. 개인이 변하지 않고서 사회가 변할 수는 없다.

지난 사십여 년을 돌아보면 나 역시 10대와 20대를 참 힘들게 겪었다. 그리고 깨달았다. 세상이 날 그릇된 규범과 틀에 욱여넣으려 들 때, 거기에 순응해서는 변화할 수 없다. 그런 세상이라면 불화하며 그 틀에서 벗어나는 쪽이 더 낫다. 그 무엇도 내 인생의 존엄함은 건드릴 수 없도록 나 자신을 지켜야 한다.

*

고등학교에 들어가서 겪었던 교련 교사와 몇몇 선생들의 거친 폭력은 내게 충격을 안겼다. 나을 기색이 안 보이는 어머니의 병환과 지옥 같던 학교생활에 한 번씩 숨이 막혔다. 학교를 그만두고 싶은 마음도 일었지만 용기가 없었다. 학교생활이 재미없어지자 공부하고 싶은 마음도 사라져 갔다. 숙제를 내지 않으면 체벌이 이어졌다. 성적은 늦가을 낙엽처럼 서서히 바닥으로 가라앉았다. 성적이 하위권으로 떨어지자 교사의 관심에서도 멀어졌다. 그렇게 주변부 학생이 되어갔다. 돌이켜 보니 그것은 소박한 개인의 저항이자 일종의 반항이었다.

지옥 같던 학교생활에서 날 구원한 건 시였다. 방학이 되면 시나리오 작가셨던 외삼촌 댁에 들르곤 했다. 외삼촌의 서재는 책으로 가득했다. 빈틈없이 차 있는 책장 위에는 녹색 글자가 빼곡히 채워진 원고지들이 쌓여 있었고, 다른 한쪽 벽에는 빈 녹색 잉크병이 사열을 앞둔 병정처럼 가지런히 정리되어 있었다. 외삼촌의 서재에서 나는 눅눅한 책 냄새는 경건한 마음이 일게 해 들어가는 것조차 조심스러웠다. 서재를 나와서 사촌 누나 방으로 갔다. 누나의 책상에 놓인 노트에는 고운 글씨체로 쓰인 시 한 편이 적혀 있었다. 김수영 시인이 쓴 〈푸른 하늘을〉*이라는 시였다.

푸른 하늘을 제압하는
노고지리가 자유로웠다고
부러워하던
어느 시인의 말은 수정되어야 한다.

마음이 저릿해졌다. '어째서 자유에는 / 피의 냄새가 섞여 있는가를'에 이르러서는 '자유'라는 단어에 그만 사로잡히고 말았다. 〈푸른 하늘을〉은 정작 4·19 혁명과 관련된 시였지만, 나는 눈물이 핑 돌 만큼 위로를 받았다. 나는 앉은 자리에서 그 시를 다 외웠다.

내친김에 문예반에 가입했다. 국어 선생님 두 분이 가끔 학

---

* 김수영, 《거대한 뿌리》(민음사, 1995) 수록

생들의 습작을 도와주곤 하셨다. 한 분은 〈놉의 딸〉로 한국문학 신인상을 수상하신 소설가이기도 하셨다. 선생님께 습작한 시를 보여드리면 첨삭해 주시며 시를 어떻게 써야 하는지 말씀해 주셨다.

"시란 너의 감정을 쏟아놓는 것이 아니야. 설익은 관념을 풀어내는 것도 아니고."

단순히 시의 형식만 갖춘다고 시가 되는 것이 아니라는 걸 깨달았다.

"아름다운 꽃을 본 소설가는 꽃을 묘사하지만, 시인은 묘사하지 않아. 시인은 오히려 꽃잎 하나를 떼 짓이겨 보며 꽃의 본질을 보려 할 거야. 그런 점에서 시인은 오히려 과학자와 닮았어."

시를 알아갈수록 읽는 것도 좋았지만 쓰는 건 더 재미있었다. 몇 달 후, 방에 처박혀 원고지에 지우고 쓰기를 반복하며 완성한 시를 국어 선생님 두 분에게 보여드렸다. 두 분은 시가 제법 시다워졌다며 칭찬해 주셨다.

폴란드 시인 비스와바 심보르스카 Wisława Szymborska 는 노벨 문학상을 받는 자리에서 이렇게 말했다.

"시인의 창작 과정은 사진으로 담기에 매력이 없다. 누군가가 탁자에 앉거나 소파에 누워 벽이나 천장을 멍하니 쳐다보고 있다. 그 사람은 한 번씩 일곱 줄을 꾹꾹 눌러 적다가 15분 후에 그중 한 줄을 지운다. 그리고 또 한 시간이 흐르는데 아무런 진전이 없다. 누가 이런 모습을 구경하고 싶을까?"

심보르스카의 말처럼 방에 처박혀 시 쓰기에 몰입하는 건 고통스러웠으나 행복했다. 내 생각을 단어들 속에 압축하여 시로 나타낼 수 있다는 것에 말할 수 없는 고양감이 일었다. 2학년 말부터는 로트레아몽 Lautréamont 이 쓴 〈말도로르의 노래 Les Chants de Maldoror〉에 빠져들었다. 로트레아몽의 영향을 받아 시어도 함께 거칠어졌다. 내리는 비는 고름처럼 보였고, 구름에 희미하게 가려진 보름달은 하늘에 뚫린 핏빛 구멍이었다. 지나치게 거친 시어는 파격이 될 수 있을지는 몰라도, 대개는 시의 품격을 떨어뜨린다고 국어 선생님께서 지적하셨지만, 그런 단어들에 끌렸다. 로트레아몽이야말로 내가 살고 있는 이 지옥에 어울리는 시인이었다.

*

지금도 그렇지만 내가 다닌 학교도 명문대에 얼마나 많은 학생들이 입학하느냐가 최대 관심이었다. 담임 선생은 반의

평균 성적을 끌어내리는 학생들을 곱게 보지 않았다. 하위권 학생은 학교의 진학률을 올리지 못하니 학교를 위해서는 별 가치 없는 존재들이었다. 그들은 선생들의 폭력에 더 자주 노출되었다.

성적은 고등학교 2학년 학기말 시험 때 바닥을 쳤다. 수학 시험 문제는 오지선다형이었다. 자존감은 여전히 살아있어 문제의 답을 운에 맡겨 찍는 일 따위는 하기 싫었다. 수학 문제 스무 개를 나름대로 열심히 풀었지만, 내가 구한 해는 모두 정답에서 벗어나 있었다. 난생처음으로 수학 시험에서 영점을 받았다. 훗날 어느 대학의 교수직에 지원하며 고등학교 성적표를 떼본 적이 있었다. 고등학교 2학년 수학 점수가 E였다. 처음 보는 학점이었다. F는 유급을 의미하는 것이었으니 고등학교에서는 E가 가장 낮은 점수였다. 그러니까 수학 점수는 '수·우·미·양·가' 중에서 '가'였다. 영어 성적도 다를 바 없었다.

2학년 겨울방학 동안에도 공부는 전폐하고 방에 처박혀 시만 썼다. 그러던 어느 날 한 친구가 집으로 찾아왔다. 여전히 정신 차리지 못하고 시만 쓰고 있는 내 모습이 안타까웠는지 친구가 말했다.

"넌 대학 안 갈 거야?"

대학? 그러고 보니 대학에 가야 한다고 생각해 본 적이 없었다.

몹시도 뜨거웠던 8월의 어느 날, 학교 복도에서 햇살을 받아 춤추던 먼지를 보며 시상 하나가 떠올랐다.

'8월은 유리창에 비친 태양의 그늘'

돌이켜 보니 고등학교 3년 동안 시의 그늘에서 피난처를 찾은 셈이었다. 밖에서는 누릴 수 없는 자유를 시에서 얻었던 것이다. 시를 얻었지만, 성적을 잃었다. 문득 대학에 가야겠다는 생각이 들자 마음이 다급해졌다. 학력고사까지 겨우 3개월 남짓 남았을 뿐이었다. 서둘러 공부를 시작했다. 잠시 시에서 위안을 얻고 있었지만 그렇다고 사회가 정해 놓은 틀에서 벗어난 건 아니었다. 대학에 가야 할 이유를 찾지 못했지만 막연히 가야 한다고 여겼다.

자습 시간에 졸면 귓등에 진물이 날 정도로 우악스럽게 귀를 붙잡아 돌리곤 하던 담임 선생은 갑자기 열심히 공부하고 있는 날 보더니 혀를 찼다.

"이 녀석아, 진작에 공부 좀 하지."

진작에 공부했더라면 내 삶이 좀 더 행복했을까? 나이가 많이 들어서야 깨달았다. 고등학교 때 공부하지 않았던 건 내 인생에서 신의 한 수였음을. 처음부터 공부를 잘했더라면 공부를 못하는 학생들을 결코 이해하지 못했을 것이다. 게다가 남들은 입시에 시달리며 3년을 보내는 동안 나는 시에 빠져 지내느라 역설적으로 행복했던 셈이었다.

*

  학생의 성적에는 관심이 있어도 학생의 내면을 살피는 사람은 드물었다. 그에게 무슨 사정이 있는지 어떤 사연이 있는지 관심이 없었다. 이때의 경험은 교수가 된 뒤에 학생을 어떻게 대할지 기준을 마련해 줬다. 1998년 교수가 된 뒤로 내게 온 학생들을 수능 성적이나 학부 성적으로 평가하지 않았다. 내 연구실에서 석사 과정을 밟으려면 칠판 앞에서 간단한 시험을 쳐야 한다. 합격 불합격을 나누는 시험이 아니라 학생의 수준을 살펴보기 위해서다. 내게 오는 학생이 누구인지 나는 모른다. 중학교, 고등학교 때 그에게 어떤 사정이 있었는지 아는 바가 없다. 그의 가정 형편, 그의 환경이 어땠는지도 모른다. 그가 부지런한지 게으른지 똑똑한지 우둔한지 나는 모른다. 내게 온 학생을 처음 대할 때 내가 정한 원칙은 '판단중지'였다.

한 사람의 능력을 파악하려면 적어도 한두 해는 함께 지내 봐야 한다. 내가 관심이 있는 건 학생 속에 숨겨진 잠재력이었다. 내게 온 학생 중에는 한때 꿈이 있었으나 원하는 대학에 가지 못해 꿈을 잃고 방황하는 친구도 있었고, 막연한 희망을 품고 대학원에 진학한 사람도 있었다. 꿈은 품었으나 이룰 방법을 못 찾는 이들도 있었다. 그러나 그들 모두에게도 한때는 반드시 이루고 싶은 꿈이 있었을 것이다. 그 꿈을 되찾게 할 수는 없을까?

학력고사 성적표를 받고 보니 내가 갈 수 있는 대학은 넘치도록 많았다. 국어 선생 두 분은 내게 중앙대 문예창작과에 가라고 권하셨다. 그 과를 가려면 문과여야 했고, 내 점수로는 턱걸이로도 합격하기에 부족했다. 한때 과학에 관심이 있었고, 아인슈타인을 막연히 동경했던 기억이 났다. 물리학도 시처럼 순수해 보였다. 공부하다가 마음에 들지 않으면 공학으로 전공을 바꿀 때도 물리학을 하면 유리할 것 같았다. 그길로 내 성적에 가장 적당해 보이는 인하대 물리학과에 원서를 넣었다. 경쟁률은 0.9 대 1이었고, 합격이었다.

시라는 피난처에서 보낸 3년은 짧게 보면 자유로운 삶이었지만 길게 보면 상실의 시대이기도 했다. 공부를 포기하였으므로 훗날 치러야 할 값이 커졌지만 그렇다고 시를 쓰며 보낸 3년이 헛되지는 않았다. 어섯눈으로나마 시를 즐길 수 있게 되었고 시를 쓰며 몰입을 경험했다. 세월이 많이 지나 본격적으로 물리학을 연구하면서 꼭 필요했던 상상력의 원천도, 바로 시였다. 그러나 무엇보다도 가장 큰 수확은 시를 쓰며 틀에 박힌 교육에서 벗어날 수 있었다는 것이다.

한때 곁길로 갔다고 인생이 끝장나지 않는다. 오히려 그것은 한 개인의 인생에 소중한 자산이다. 그것이 실패로 끝났어도 인생이 끝난 건 아니다. 헤겔이 그랬다. "가장 위대한 성공은 실패할 수 있는 자유에 달려있다." 원하는 대학에 들어가지 못했다고 인생이 끝난 것도 아니다. 헤겔의 말마따나 누구에게나 실패할 자유가 있고 그 지점이야말로 인생의 전환점이 될 수 있다.

3. 내 안의 학벌주의
: 실력으로 이겨내겠다는 미몽

아버지는 내가 인하대에 입학한 걸 탐탁지 않게 여겼다.

"인하대 같은 학교에서 무얼 배울 수 있겠니?"

그 말에 낯이 달아올랐다. 인하대에 입학한 게 부끄러울 일도 아니었건만 영문도 모른 채 부끄러웠다. 분노도 함께 치밀었다. 출발선에 서지도 않았는데 지레 패배감부터 들었다.

아버지는 인하대가 어떤 대학인지 제대로 알고서나 그렇게 말씀하신 걸까? 아버지께서 수준 낮은 대학이라던 인하대에는 듣고 나면 숙연해지는 역사가 있다. 학교 이름은 인천과 하와이에서 따왔다. 처음 그 말을 들었을 때는 뜬금없이 웬 하와이인지 의아했다.

1902년 12월 22일, 101명의 조선인은 하와이 사탕수수 농장의 계약 노동자로 일하러 인천에서 미국행 여객선에 몸을 실었다. 우리나라 최초의 이민선이었다. 1903년 1월 13일, 3주 남짓 걸리는 항해 끝에 그들은 호놀룰루에 도착했다. 1905년, 조선을 강점한 일본은 조선인의 미국 이민을 금했다. 그때까지 하와이로 떠난 한인은 모두 7,226명이었다. 그들은 큰돈을 벌어 금의환향하길 꿈꿨지만 고국은 이미 일제의 식민지가 되어버렸고 그들의 여권은 말소되었다.

고국으로 돌아갈 길이 막막해진 한인들은 어쩔 수 없이 하와이에서 계속 머물며 사탕수수 농장에서 중노동을 해야 했다. 그렇게 힘들게 번 돈을 아껴 일제의 압제에 항거하는 독립운동에 기부했다. 그 돈 중 일부는 한인 자녀들의 교육을 위한 기독학교를 세우는 데 쓰였다.

한국 전쟁이 막바지로 치닫던 1953년 6월 4일, 대통령이었던 이승만은 담화문을 발표하였다. 하와이 이민 50주년을 기념하며 미국의 매사추세츠 공과대학Massachusetts Institute of Technology(MIT)처럼 번듯한 공대를 인천에 세우겠다고 했다. 학교의 이름은 인천과 하와이의 첫 자를 따와서 인하仁荷 대학이라고 명명했다. 메사추세츠 공과대학을 염두에 두고 세운 학교라 영어명은 'Inha Institute of Technology(IIT)'라고 지었다.

학교를 세울 땅은 인천시에서 제공했고 하와이 교포들의 성금과 한인 기독학교를 매각한 대금 15만 달러, 정부에서 100만 달러, 국민 성금 310만 1,400원을 합쳐 1954년 4월에 학교를 개교하기로 하였다. 이승만은 소액이라도 좋으니 한국의 발전을 위한 적극적인 자세로 기금을 모으는 데에 참여해 달라고 동참을 호소했다. 그렇게 한국 전쟁 중에 하와이 교포들의 헌신과 시민들의 성금으로 세워진 학교가 인하공대였다.

학벌주의는 대학마다 지닌 역사와 문화를 말살한다. 내가 교수로 있던 부산대만 하더라도 일제의 식민지 교육을 청산하고 새롭게 세워진 나라의 교육을 위해 최초로 문을 연 국립대학이라는 자부심이 있다. 대학마다 자랑할 만한 역사와 고유의 전통이 있다. 학벌주의는 그런 다양성을 모두 제거한다. 오직 대학입시 성적으로만 학교를 일렬로 줄 세운다는 건 애초부터 말이 안 된다는 걸 알면서도 사람들은 학벌을 숭상한다. 이런 모순이 또 있을까.

※

　내가 들어간 물리학과는 1979년에 신설된 학과라 교수의 수가 다섯 사람밖에 되지 않았다. 게다가 한 사람은 내가 입학한 뒤 얼마 지나지 않아 바로 카이스트의 교수가 되어 학교를 떠났고 이어서 한 사람이 연구년으로 미국에 가시는 바람에 세 사람의 교수가 학생들을 가르쳤다. 그땐 야간대학까지 있어 교수 한 명당 맡고 있는 과목은 20학점을 훌쩍 넘어섰다. 그렇게 많은 과목을 가르치면서 숙제를 내고 채점까지 한다는 건 거의 불가능했다. 교육이 제대로 이뤄질 리 없었다.

　2학년 때였다. 전자기학을 강의했던 교수는 학생들의 수준이 낮다고 여겼는지 전자기학 표준 교과서가 아니라 에드워드 퍼셀 Edward M. Purcell 이 쓴 《전기와 자기》*를 선택했다. 이 교과서는 역사적으로 의미 있는 책이었다.

　1957년 10월 4일, 소련에서 최초의 인공위성인 스푸트니크 1호를 성공적으로 쏘아 올렸다. 지름이 58cm인 공 모양에 안테나가 마치 네 개의 다리처럼 달린 이 인공위성은 지구를 돌면서 배터리가 다 닳을 때까지 3주 동안 '삐삐'거리는 신호음

　※　Edward M. Purcell, 《Electricity and Magnetism》 (McGraw-Hill, 1965)

을 지구로 내보냈다. 소련과 냉전 중이었던 미국을 발칵 뒤집어 놓은 사건이었다. 〈뉴욕타임스〉에서는 1957년 10월 6일부터 10월 31일까지 스푸트니크 1호 관련 기사만 280편 가까이 실을 정도로 사태를 심각하게 받아들였다. 스푸트니크 1호는 소련의 과학과 기술이 미국을 비롯한 서방 세계를 앞질렀다는 징표였다.

미국은 부랴부랴 국립항공우주국 National Aeronautics and Space Administration(NASA)을 설립하고 서둘러 수학과 과학 교육을 강화하기 시작했다. 물리학자 필립 모리슨 Philip Morrison 과 찰스 키틀 Charles Kittel 은 미국 연구재단의 연구비를 받아 일반물리학 교육 과정을 강화하는 프로젝트를 수행했다. 다섯 권으로 구성된 캘리포니아 버클리 대학의 물리학 교재가 그렇게 탄생하였다.

퍼셀의 《전기와 자기》는 다섯 권 중에서 가장 잘 알려진 책이었고 전자기학 초급 교재로는 더할 나위 없이 훌륭했다. 저자가 핵자기공명으로 노벨 물리학상을 탄 물리학자이기도 했고 무엇보다 아인슈타인의 특수상대성이론과 전자기 현상을 이 책보다 더 깔끔하고 쉽게 설명한 책은 찾아보기 어렵다. 그러나 초급 교재였던 터라 이 책에는 2학년 과정에서 꼭 배워야 할 맥스웰 방정식을 본격적으로 푸는 방법이 빠져 있었다.

학부 과정에 있는 동안 학생은 교수가 보여주는 세상을 보며 학문의 지평을 넓혀 간다. 그것이 학생이 받아들이는 세상 전부다. 특출난 학생을 제외하면 학생에게 수업 시간은 물리학이란 학문을 경험하는 시간이다. 아무리 훌륭한 교재라고 해도 초급 교재로 배우면 학생의 시선은 딱 그 정도에서 멈춘다.

전자기학을 가르치던 교수는 열심히 가르쳤다. 칠판의 왼쪽 위에서부터 오른쪽 아래까지 식으로 가득 채우며 강의했다. 하루는 학생들의 수업 태도가 나빠서인지 판서하다 말고 학생들을 보며 화를 냈다.

"우리 학교 학생들은 이렇지 않았어."

여기서 '우리 학교'란 그 교수가 나온 서울대를 의미했다. 그 말에 학생들은 상처를 입었다. 그런 차별의 말을 가장 가까워야 할 부모와 믿고 따라야 할 스승에게서 들었을 때, 그 상처는 쉽게 낫지 않는다.

학벌은 올더스 헉슬리의 소설 《멋진 신세계 Brave New World》를 연상시킨다. 그 세계의 인간들은 태어날 때부터 알파, 베타, 감마, 델타, 입실론 중 하나의 계급이 정해진다. 알파 계급이면 지도자층에 속하게 되고, 베타면 전문직이나 관리직, 감마면 사무직이나 기술직, 델타면 단순노동을 맡고 마지막으로 입실론에 속하면 힘든 육체노동을 하게 된다. 계급에 따라 입는 옷의 색깔도 다르므로 출신 성분을 바로 확인할 수 있다.

대학은 《멋진 신세계》에 나온, 계급에 따라 인간을 찍어내는 공장 같은 곳이었다. 어떤 학생이 고등학교를 졸업하고 수시나 수능 시험을 거쳐 대학에 입학하는 순간, 그는 새로운 계급을 지니고 다시 태어난다. 누가 그렇게 정한 것도 아니고 내속에 그런 마음을 심어둔 것도 아니지만, 본능에 가까울 정도로 그 사실을 안다. 왕조가 무너지고 식민지를 겪고 전쟁을 체험하고 독재를 이겨내고 마침내 이룩한 민주주의 공화국에서 살고 있지만 우리 안에 내재된 계급은 여전했다.

교수의 말을 웃고 넘기기에는 내 마음속에도 이미 학벌이 깊이 각인되어 있던 것이었다. 학벌로부터 자유로웠다면 저 말에 기분이 나빴을 이유가 없었을 것이다. 불쾌감이 가라앉자 덫에 걸린 것 같은 기분이 찾아왔다. 그것은 마음속에 남은 공부의 불씨마저 꺼뜨리는 열패감이었다.

※

  열패감은 오래도록 지속되었다. 2학기가 끝나갈 무렵, 집으로 가는 길에 무작정 서점에 들렀다. 거기서 시집 한 권을 꺼내 읽었다. 곽재구 시인의 시집 《사평역沙平驛에서》(창작과비평사, 1983)였다. 이 시집에 나오는 〈사평역에서〉는 1981년 중앙일보 신춘문예에 당선된 시여서 고등학교 때 신문에서 읽은 적도 있었다. 읽었던 시임에도 '막차는 좀처럼 오지 않았다'로 시작하는 첫 구절에 압도당했다. 10년 넘게 시에 전념한다면 나도 이런 시를 쓸 수 있을까?

  몰아닥친 추위와 거센 눈발로 꽁꽁 얼어붙은 어느 겨울밤, 어느 시골 역사 유리창에는 흰 보라 수수꽃이 피어오르고 대합실 안에서는 톱밥 난로가 지펴진다. 톱밥은 한 번씩 타닥타닥 소리를 내며 타들어 간다. 몇은 졸음에 겨워 꾸벅거리고 몇은 쿨럭거리며 기침한다. 〈사평역에서〉를 읽으면 빛바랜 흑백사진처럼 겨울 역사의 한 장면이 떠오른다. 추위에 곱은 '청색의 손바닥'을 '불빛 속에 적셔 두고'라는 표현, '낯설음도 뼈아픔도 다 설원인데'라는 구절, '그리웠던 순간들을 생각하며 나는 / 한 줌의 톱밥을 불빛 속에 던져주었다'와 '그리웠던 순간들을 호명하며 나는 / 한 줌의 눈물을 불빛 속에 던져주었다'

의 대구.

죽었다 깨나도 이토록 멋진 서정시는 쓸 수 없을 것만 같았다. 같은 시집의 〈구두 한 켤레의 시〉를 읽으니 더 절망스러웠다. 시인이 되고 싶었던 꿈이 헤실바실 흩어져 갔다. 상심한 마음을 달래려 서점에 왔는데, 오래전 강의 시간에 느꼈던 패배 의식은 더욱 깊어만 갔다.

서점에서 나오자 11월 늦가을의 찬 바람이 얼굴을 훑으며 지나갔다. 정신이 번뜩 들었다. 학벌주의에 무릎을 꿇기에는 아직 일렀다. 시에 대한 애정은 마음에 묻어두기로 했다. 학벌주의를 이겨내려면 이제 남은 건 물리학을 제대로 공부하는 것밖에 없었다. 학교에서 배울 수 없다면 혼자서라도 공부하기로 결심했다.

학벌주의에 벗어나려고 각성했지만, 한편 내 결심은 학벌주의를 이겨내기 위해 또 다른 학벌에 기대는 것일 수도 있었다. 실력을 쌓으면 최종적으로 학벌주의에 벗어날 수 있겠다고 막연히 생각했다. 그것은 학벌주의로부터 완전히 벗어나 자유로운 삶을 사는 것과 달랐다. 세월이 한참 지나서야 단순히 공부를 열심히 하는 것만으로는 학벌주의에서 벗어날 수 없다는 걸 알았다.

4. 값을 치를 준비
: 왕도는 없다, 그저 시도할 뿐

"값을 치를 준비가 되었나요?"

내 연구실에 들어오고 싶다는 학생들에게 묻는 말이다.

공부할 결심을 단단히 하고, 출발선에 서면 나보다 앞서 나가는 이들이 보인다. 저들은 이미 저 멀리 가고 있는데 이제야 출발선에 서서 앞선 이들의 뒷모습을 보고 있으면 기가 꺾인다. 지금 출발해서 과연 저들을 따라잡을 수 있을까? 저들이 날 기다려 줄 리 만무하다. 어지간히 노력해서는 이미 벌어진 격차를 좁히지 못한다. 공부하겠다고 굳게 결심하고 나서도, 막상 책을 펼치면 이해가 잘 되지 않는다. 뒤처졌다는 사실에 마음은 더욱 초조해진다.

값을 치른다는 말은 남들을 따라잡기 위해 공부하는 걸 의미하지 않는다. 공부할 결심을 하는 건 나의 무지를 깨기 위한 것이지 단순히 경쟁에 뛰어들기 위한 것이 아니다. 그저 남들과 경쟁하기 위해 공부하는 것이라면 여러 편법을 쓸 수 있다. 학생들은 학점 관리를 한다는 명목으로 과제가 적고 학점을 잘 받을 수 있는 강의를 선택한다. 속칭 '꿀강의'는 듣고 나면 좋은 학점이 남지만 실력 향상에는 아무런 도움이 되지 않는다. 영어 공부도 마찬가지다. 많은 사람들이 회사에 들어가는 데 필요한 토익 점수를 올리는 데만 집중한다. 취직에 도움이 될 것이라 여겨 자격증도 여러 개 따려고 노력한다.

그러나 남들이 하는 걸 따라 하기 전에 한 번쯤은 공부한다는 것이 무엇인지 숙고할 필요가 있다. 자기가 전공한 학과에서 반드시 알아야 할 과목들을 얼마나 이해하고 있는지 돌아보면 꿀강의야말로 피해야 할 강의다. 전공과목을 공부하는 건 결국 혼자서 해야 한다. 강의는 공부할 방향을 일러 주는 지침일 뿐, 정작 스스로 공부하지 않는다면 배운 건 내 것이 되지 않는다.

학생들은 이렇게 질문한다.

"전공과목을 잘한다고 취직에 도움이 되나요?"

흥미롭게도 공부하면서 우리가 익히는 건 전공과목의 내용이기도 하지만 그보다 더 중요한 건 삶을 대하는 내 태도가 바뀐다는 것이다. 공부의 가치는 단순히 좋은 취직자리를 얻는 데 있지 않다. 공부란 하면 할수록 세상을 보는 지평을 넓혀준다. 시야가 넓어진 만큼 내가 무얼 할 수 있는지 가능성도 확장된다. 그러므로 좋은 회사에 취직하는 건 공부로 얻는 결과 중 하나이지 그 자체가 목적이 될 수 없다.

*

공부를 놓은 지 오래될수록 해야 할 공부의 양이 늘어난다. 값을 치른다는 말은 늘어난 공부를 하기 위해 포기해야 할 것들을 기꺼이 포기함을 의미한다. 모든 걸 다 가질 수는 없다. 공부를 시작한다고 곧바로 공부가 잘되는 것도 아니다. 뒤늦게 마음먹은 사람일수록 처음 공부를 시작할 때 온갖 방해와 맞닥뜨린다. 내 경우에도 그랬다.

3학년 개학을 앞두고 공부할 계획을 세웠다. 우선 왕복 네 시간 남짓 걸리는 통학 시간을 헛되이 낭비할 수 없었다. 이 시간을 효과적으로 쓰려면, 미어터지는 만원 버스와 전철을 피해야만 했다. 새벽 첫차를 타고 등교하는 것만이 답이었다.

그러나 집으로 돌아갈 때는 여전히 버스와 전철이 붐볐다. 그래서 등굣길에서는 전공과목을 공부하고 하굣길에서는 영어를 공부하기로 마음먹었다. 전공과목은 집중을 요하므로 조용한 아침 시간에 하는 편이 나을 테고, 하굣길이 붐벼도 영어 단어를 외우는 데는 크게 지장이 없으리라 여겼다.

새벽 다섯 시에 첫 지하철을 타도 학교 도서관에 도착하면 아침 일곱 시였다. 학기 초라 도서관은 한산했다. 자리를 잡은 뒤 그날 배울 내용을 예습하려고 책을 펼쳤다. 그러나 한 페이지가 채 넘어가기 전에 졸음이 쏟아졌다. 오랜만에 새벽에 일어나 학교에 나온 탓이라 여겼다. 자리에서 일어나 도서관 복도에 있는 자판기로 가 커피를 뽑아 마셨다. 다시 책을 펼쳐 들자 책갈피 사이에서 수마가 기어 나오더니 나를 삼키는 것이었다. 가까스로 정신을 차렸다. 아침 8시 50분, 벌써 강의 시간이 다 되었다. 강의에 늦지 않으려면 책이 잔뜩 든 배낭을 메고 도시락과 여분의 책이 든 가방을 든 채 뛰어야 했다.

공강 시간에는 도서관까지 다시 뛰어갔다. 숨을 고른 뒤, 자리에 앉아 책을 펼쳤다. 얼마 지나지 않아 또 졸음이 쏟아졌다. 이해할 수 없었다. 공부하겠다는 결심과 의지가 이토록 확고한데 졸음은 도대체 왜 쏟아지는 것일까. '그동안 머리를 얼마나 쓰지 않았으면 이토록 잠이 쏟아질까?'라고 속으로 중얼거린 뒤 복도로 나가 잠을 쫓았다. 자리로 되돌아와 전공책을 읽었지만 여전히 잠이 덜 깬 머릿속은 혼미했다. 강의 시간을 빼고는 하루 종일 도서관에 앉아 용을 썼지만 고작 교과서 한 쪽을 읽은 게 다였다. 하루 내내 내가 한 건 공부가 아니라 졸음과의 투쟁이었다.

강의 후, 집으로 가는 길이 참담했다. 아침에 도서관 책상에 앉을 때만 해도 읽는 족족 머릿속에 쏙쏙 들어올 줄만 알았다. 교과서의 페이지가 속도감 있게 넘어가리라 여겼다. 그러나 내 바람과는 달리 졸음 속에서 허우적거리다가 끝나버린 하루였다. 지하철 안에서 영어 단어장을 꺼내 들었지만 적어놓은 단어가 눈에 들어오지 않았다. 한숨이 나왔다. 그러나 졸음 따위에 굴할 수는 없었다. 다음날에도 그다음 날에도 새벽에 일어나 첫차를 타고 도서관으로 갔다. 이른 아침에 예외 없이 도서관에 도착했고 자리에 앉으면 예외 없이 잠이 쏟아졌다. 한 달이 넘도록 도서관에서 졸음과 사투를 이어갔다.

※

그러던 어느 날 아침이었다. 전자기학을 공부하는데 정신이 맑아지더니 읽은 내용이 단번에 이해되는 것이었다. 책을 덮고 연습장에 공부한 내용을 한달음에 적을 수 있었다. 내가 앉은 자리에 서광이 내려 비치는 것만 같았다. 공부한다는 것이 처음으로 재미있었다.

3학년 1학기부터 배우는 수리물리학은 내 앞을 가로막는 또 하나의 장벽이었다. 수리물리학은 물리학 전공과목을 익히는 데 필요한 고급 수학 기술을 익히는 과목이다. 공대에서 공학을 공부하는 데 꼭 필요한 공업수학을 배우듯이 물리학과에서는 수리물리학을 배운다. 교재는 조지 아프켄 George B. Arfken 의 《수리물리학》*이었다. 나중에 알게 된 사실이지만, 마이애미 대학에서 이휘소 박사에게 수리물리학을 가르친 교수가 아프켄이었다. 수리물리학 교과서 중에서는 명저로 소문난 책인데 연습 문제가 어렵기로 악명이 높았다. 그래서 이런 농담도 있었다.

"실연했거든 아프켄을 읽어라. 그러면 아프켄이 주는 고통덕에 실연의 아픔 따위는 잊게 될 것이다."

수리물리학 강의를 따라가려면 단기간에 기초 수학 실력을

※   George B. Arfken, 《Mathematical Methods for Physicists》 (Academic Press, 1965)

높일 필요가 있었다. 집으로 가는 길에 서점에 들러 미적분학 연습 문제가 잔뜩 들어있는 《미분적분학 연습》책을 한 권 샀다. 계산을 잘하려면 닥치는 대로 문제부터 많이 풀어봐야 했다. 그 책과 더불어 아프켄의 교재에 나오는 연습 문제를 온 힘을 기울여 모두 풀어 보려고 애썼다. 유감스럽게도 문제는 잘 풀리지 않았다. 한 문제를 풀기 위해 이삼일 동안 고민해야 할 때도 있었다.

시험 기간에는 학교 근처에서 하숙하고 있거나 인천에 사는 학생들이 새벽부터 도서관 자리를 점유하는 바람에 도서관에서 자리를 얻는 건 하늘의 별 따기였다. 그러니 아침 일곱 시가 되어서야 도서관에 도착한 내게까지는 자리가 돌아오지 않았다. 결국 시험 때는 집에서 머물며 공부했다. 전공과목을 매일 공부한 터라 시험 때라고 딱히 더 공부할 것도 없었다. 중간시험 기간이 끝나고 다시 아침 일곱 시에 도서관에 도착했다. 도서관은 텅텅 비어 있었다. 도서관 학습실 문을 열고 들어가자 평소와는 달리 공기가 상쾌했다. 간혹 자리에 앉아 있는 학생들 몇 명만 보일 뿐이었다. 집중도 더 잘됐다. 시험 기간을 제외하면 아침 일곱 시에 도서관으로 가는 건 습관으로 자리 잡았다. 그렇게 3학년 1학기도 끝나가고 있었다.

*

 학기말 시험이 끝나고 성적이 나왔다. 전공과목 대부분은 A+가 나왔다. 학점은 4.5 만점에 4.3이었다. 공부하는 방법도 그렇고 실력도 그렇고 아직 본궤도에 올라서지 않았지만 공부한 만큼 성적이 잘 나왔다는 사실에 고무되었다. 공부한 지 서너 달쯤 지나 중요한 사실을 깨우쳤다.

 학부 과정에서 어려운 내용은 사실 어려운 것이 아니다. 단지 낯설 뿐이다. 낯선 것과 친해지는 방법은 하나밖에 없다. 익숙해질 때까지 보고 또 봐야 한다. 그건 마치 새로운 친구를 사귀는 것과 비슷하다. 어떤 사람을 만나 서로 친구가 되기까지는 많은 시간을 함께 보낸다. 같이 밥을 먹거나 영화를 보거나 운동을 하고 함께 놀면서 점점 친해진다.

 어려운 내용을 공부하는 방법도 이와 비슷하다. 우선 많이 접해야 한다. 여러 번 읽고 때로는 빈 노트에 배운 걸 써보기도 하고 내 생각을 덧붙여 보기도 해야 한다. 반복하다 보면 낯설었던 내용에 서서히 익숙해진다. 친구를 사귀는 것과 비슷하지만 다른 점이 하나 있다. 어렵다고 포기하지 말고 끝까지 물고 늘어져야 한다. 이것은 마치 시상이 떠오르는 순간 그걸 붙잡고 방에 처박혀 시를 쓰는 것과 비슷했다. 쓰고 지우기를 반복하다 보면 시가 서서히 완성되어 간다. 예술가와 문필가와 과학자도 대부분 이와 비슷한 과정을 겪는다. 단번에 얻을 수 있는 건 없다.

어려운 수학 문제를 풀 때도 마찬가지다. 잘 풀리지 않으면 교과서에서 그 문제와 관련 있는 내용을 복습한 뒤 다시 시도한다. 물론 문제를 풀기 위해 여러 번 도전해도 처음에는 잘 풀리지 않는다. 그렇다고 포기해서는 안 된다. 끈질기게 고민하며 애쓰다 보면 어느 순간 문제의 실마리가 보인다. 마침내 그 어려웠던 문제를 풀었을 때 찾아오는 희열은 말로 표현하기 힘들다. 이것이 몰입의 즐거움이다. 이걸 한번 경험하고 나면 드디어 공부하는 게 재미있고 몰입을 이어가고 싶은 마음이 든다. 그때가 바로 공부만 하면 졸리던 악순환에서 벗어나 선순환으로 돌아서는 순간이다.

대학교 3학년 2학기 때도 아침마다 도서관에 갔다. 그러던 어느 날, 참으로 신기한 경험을 했다. 그 어렵다는 아프켄의 《수리물리학》 책에 나오는 문제를 푸는데, 조금만 고민해도 문제가 쉽게 풀리기 시작하는 것이었다. 처음에는 그토록 어렵던 문제가 실은 어려운 게 아니라 낯설었던 것이었다. 꾸준히 공부하다 보면 어느 순간 친숙해진다.

공부하기로 결심한 뒤에 처음 맞닥뜨린 난관은 뜻밖에도 졸음이었다. 졸음과의 싸움은 결국 나 자신과의 투쟁이었다. 첫 번째 승리는 달콤했다. 힘들었지만 해냈다는 감각은 내 안에 단단한 자신감을 심어주었다. 나만 그랬던 건 아니었다. 내가 가르쳤던 학생들 역시 스스로를 극복하며 마침내 각자의 길을 찾아갔다. 공부만 그런 건 아니다. 정말 내가 원하는 걸 하면서 자유롭게 살고 싶다면 그걸 위해 값을 치러야 한다. 남들보다 늦게 출발하는 건 딱히 문제가 되지 않는다. 문제는 내가 그걸 정말 원하느냐에 달려 있다. 그렇다면, 힘들더라도 지금 시작하는 것이 좋다.

5. 내가 갈 길은 어디인가?
: 흥미가 있다면, 결국 일가를 이룰 것

모든 사람이 똑같은 꿈을 꾸는 세상은 흑과 백으로만 되어 있다. 자기장 아래에 놓인 나침반처럼 오직 북쪽을 향하거나 남쪽을 향한다. 그 사이에는 아무것도 없다. 그렇게 획일화된 세상에서 한 사람의 존엄 따위는 중요하지 않다. 다채로움은 사라지고, 오직 성공하거나 실패하거나 둘 중 하나다.

신문과 방송에서는 의대 광풍을 우려하며 이공계의 몰락이 불러올 나라의 위기를 걱정한다. 정부는 이공계의 인재 양성이 중요하다며 부랴부랴 이공계 지원 특별법 재정에 나선다. 양자컴퓨팅 분야가 뜨면 양자컴퓨팅 인재 양성을 외치고, 인공지능 분야의 중요성이 강조되면 인공지능 인재 양성을 부르짖는다. 그러나 누구도 자신이 인재로 키워지기 위해 대학에 들어가지 않는다. 인재 양성은 남의 자식 이야기이고 내 자식은 이 험한 세상에서 누구보다 앞서 더 나은 일자리와 사회적 위치에 오르길 앙망한다.

이렇게 앞뒤가 안 맞는 세상에 던져진 10대와 20대는 본능적으로 남들과 다르게 사는 것에 두려움을 느낀다. 부모의 바람대로 의대에 들어가고 가장 잘나가는 공대 분야를 선택해야 가장 안전할 것 같다고 여긴다.

내가 일하는 대학에 자유전공학부가 생겼다. 학생들은 1학년을 마친 다음 자기가 원하는 전공을 선택할 수 있다. 대학에서는 학생들이 자신과 잘 맞는 전공을 선택할 수 있도록 도우려고 전공 탐색 과목을 만들었다. 1년 동안 대학 내 대부분의 전공 분야 교수들이 학생들에게 전공을 소개했지만 입학할 때 자신이 들어가겠다고 선택한 전공 분야를 바꾸는 학생은 거의 없었다. 그러니까 전공 탐색 과목의 효능이 전혀 없었던 셈이었다. 학생들이 가장 많이 선택한 전공은 현재 가장 인기 있는 컴퓨터 공학 분야였다. 그러나 10년 후, 20년 후에도 그 분야가 여전히 가장 잘나가고 있을까?

2022년 노벨 물리학상은 알랭 아스페 Alain Aspect, 존 클라우저 John F. Clauser, 안톤 차일링거 Anton Zeilinger 가 수상했다. '얽힌 광자를 이용한 실험으로 벨 부등식의 위반을 입증하고 양자정보 과학을 개척한 공로'가 상을 받은 이유였다. 존 클라우저가 벨 부등식의 위반 여부를 실험으로 규명하려고 애쓰던 1960년대 말과 1970년대 초에 거기에 관심 있는 사람은 거의 없었다. 양자역학은 이미 잘 작동하므로 그런 문제에 관심을 갖는 건 시간 낭비라고 여겼다. 그의 지도교수조차도 클라우저가 엉뚱한 일에 노력을 쏟는다고 여겼다. 오죽하면 지도교수가 '클라우저가 한 벨 부등식 규명 실험은 쓰레기'라고 추천사에 썼을까. 클라우저는 6년 넘게 정규직을 얻지 못했다.

당시 파리 근교의 광학연구소 석사과정 학생이었던 아스페는 지도교수의 조언을 따라 벨 부등식을 실험하기 전에 벨 부등식을 제안한 존 스튜어트 벨 John Stewart Bell 을 만나러 파리에서 제네바까지 갔다. 아스페가 벨에게 자기 아이디어를 설명했다. 그러나 벨이 던진 질문은 뜬금없었다.

"그런데 정규직을 갖고 있어요?"

비정규직이 관심 갖기에는 직장을 얻지 못할 연구가 될 수 있다는 말이었다. 아스페는 다행히 광학연구소에 정규직으로 근무하고 있었다.

두 사람 모두 1970년대에 아무도 관심 없던 주제를 연구했지만 결국에는 벨의 부등식이 위반함을 보였고 안톤 차일링거와 더불어 오늘날 유행하는 양자컴퓨팅과 양자정보의 기틀을 세웠다.

우리 앞에 어떤 일이 펼쳐질지는 아무도 모른다. 지금은 잘나가는 분야가 영원히 잘나가리라는 보장은 없다. 달이 차면 기울기 마련이다. 그러므로 내가 흥미 있는 분야를 선택하는 게 최선이다. 흥미가 있다면, 열심히 할 것이고 결국에는 일가를 이룰 것이다. 내 경우도 그랬다.

*

4학년이 되던 해에 신임 교수 한 분이 인하대에 부임해 왔다. 핵물리학 이론을 전공한 차동우 교수였다. 물리학과에서는 3학년 때까지 핵심 과목들을 배우고, 4학년 때는 물리학의 여러 분야를 배운다. 핵물리학도 그중 하나였다. 핵물리학 강의는 새로 온 차동우 교수가 맡았다. 그는 어려운 걸 쉽게 표현할 줄 알았다. 원자핵을 묘사할 때도 "원자핵 안에서는 양성자와 중성자가 오글오글 몰려 살고 있어요"라고 했다. 그뿐만 아니라 놀랍게도 숙제까지 내주었다. 처음으로 핵물리학에 흥미가 생겼다.

하루는 원자핵의 구조를 설명하는 핵껍질모형에 관해 판서하다 말고 이렇게 말했다.

"교과서에 적힌 대로 가르치려니 갑갑하네요. 우리, 한 발 더 깊숙이 들어가 봅시다."

그리고 한 번도 들어본 적이 없는 2차 양자화라는 단어를 칠판에 적었다. 핵껍질모형을 제대로 이해하려면 반드시 알아야 할 이론이었다. 낯선 용어였고 내용도 어려워서 집중해서 들었다. 놀라웠다. 마치 내 눈앞에 물리학의 새로운 세상이 열리는 것 같았다. 강의란 이래야 하는 것이었다. 앞에서도 이야기했지만, 학생은 교수를 통해 세상을 본다. 물리학의 저 광활한 지평선의 크기가 어떠한지 학생에게 보여주는 것, 그것이 강의가 지닌 본질 중 하나다. 차동우 교수는 처음으로 내게 물리학이 무엇인지 보여주었다.

며칠 후, 차동우 교수의 연구실 문을 두드리고 들어갔다. 오른쪽 벽면을 가득 메운 책장에는 전공 서적들이 빼곡히 꽂혀 있었다. 그는 날 보며 반갑게 웃었다. 그의 미소와 눈빛에서 이론물리학자의 격을 느꼈다.

나는 차동우 교수에게 물었다.

"핵물리학과 입자물리학에 관심이 있어서 왔습니다. 핵물리학은 무엇인가요?"

그는 자신이 전공한 분야를 친절하게 설명했다. 그의 전문 분야는 원자핵의 구조였다. 원자핵이란 원자 속 깊숙이 들어 있는 딱딱한 알맹이를 의미한다. 이 알맹이는 양성자와 중성자로 되어 있는데, 강력 때문에 한데 모여 옹기종기 지낼 수 있다. 물리학에서는 입자의 수가 셀 수 없을 정도로 어마어마하게 많으면 통계적인 방법을 써서 설명할 수 있지만, 원자핵을 이루는 핵자의 개수는 많아야 200여 개 남짓밖에 되지 않아 다루기가 무척 힘들다. 그래서 원자핵 구조 이론은 역사가 제법 오래되었음에도 몹시 어려운 분야였다. 차동우 교수의 설명을 들으며 핵물리학에 깊은 관심이 생겼다.

4학년이 되면, 한 번쯤은 취업과 대학원 진학 사이에서 고민한다. 핵물리학에 흥미가 생기자 대학원에 진학해서 핵물리학을 전공하는 것도 나쁘지 않을 것 같았다. 그러나 우선은 군 복무부터 마무리 지어야 했다.

2부

혼돈을 품어야 별을 낳는다

6. 소심심고 素心深考
: 잘게 쪼갠 뒤에 해결하라

모든 것에는 시작이 있고, 그 시작은 대체로 혼란스럽다. 우주의 시작도 그랬다. 엄청난 대폭발이 있었다. 그리고 시간과 공간이 태어났다. 우주가 생겨난 지 단 몇 분 사이에 셀 수 없이 많은 사건이 일어났다. 우주가 팽창하기 시작했고 대폭발로 생겨난 에너지에서 물질이 생겨났다. 전자와 양성자가 생겨나면서 우주는 서서히 질서를 찾아갔다. 전자와 양성자가 만나 수소 원자를 이루고 거기서 다시 별이 태어났다. 수소 원자들이 핵융합을 시작하며 별은 빛을 발했다. 핵융합의 마지막 단계에서 폭발하는 별들도 있었다. 별의 잔해가 모여 다시 별을 이루고, 때로는 별 주위를 도는 남은 먼지 속에서 행성이 태어나기도 했다.

  그들 중에는 지구도 있었다. 처음 생겨났을 때 지구는 생명이 살 만한 곳이 아니었다. 역동의 시간이 필요했다. 별들의 잔해와 충돌하기도 했고 소행성과 부딪히기도 했다. 한번은 지독한 충돌을 겪으며 지구에서 달이 떨어져 나가기도 했다. 지표면은 지진과 화산으로 요동쳤고 이산화탄소로 가득한 대기는 햇볕을 받아 달아올랐다. 대기 중의 산소도 충분하지 않아 사람이 살 형편이 못되었다. 그렇게 지구는 45억 년이 넘도록 혼돈과 혹독한 변화를 겪은 뒤에야 비로소 인간이 살 만한 곳이 되었다.

*

  인간의 삶도 다르지 않다. 시간의 축적만 다를 뿐, 태어나서 성장하려면 혼돈과 고통을 겪어야 한다. 니체는 《차라투스트라는 이렇게 말했다》에서 "혼돈을 품은 자만이 춤추는 별을 낳을 수 있다"라고 했다. 춤추는 별을 낳으려면 혼돈은 필연적이다. 고등학생 때는 대학만 진학하면 모든 게 나아지리라고 막연히 기대하지만 정작 대학에 와서도 앞으로 무얼 해야 할지 막막하다. 그 누구도 자신의 미래를 볼 수 없으니 앞날이 불안하다. 어느덧 대학 4학년이 되면 졸업 후에 무얼 해야 할지 결정을 내려야 할 순간이 온다. 취직할 것인지, 사업할 것인지, 아니면 대학원에 진학할 것인지 선택한 뒤엔 구체적인 진로를 정해야 한다. 고민을 거듭하며 내가 갈 길을 선택한 뒤에도 내 결정이 올바른지 의심이 든다. 게다가 인생은 대체로 내가 계획한 대로 흘러가지 않는다. 의도치 않은 변수들이 등장해 앞길을 방해한다.

아무리 계획을 촘촘히 세워도 이 변수들 때문에 나 스스로 통제할 수 없는 일들이 생긴다. 이럴 때는 어떻게 해야 할까? 소심심고素心深考라는 말이 있다. 소박한 마음으로 깊이 살펴본다는 뜻이다. 여기서 말하는 소박함이란, 이런 것이다. 혼돈 속에서 질서를 찾으려면, 우선 내가 할 수 있는 작은 일부터 시작해야 한다. 깊이 있게 생각한다는 것은, 이 작은 문제를 가볍게 여기지 않고 신중히 다루는 걸 의미한다. 소심심고를 구체화하면 아마도 미적분과 비슷할 것이다.

스티븐 스트로가츠Steven Strogatz는《미적분의 힘Infinite Powers》(해나무, 2021)에서 이렇게 말했다. "미적분학이 성공할 수 있었던 비결은, 복잡한 문제를 더 단순한 부분으로 나누는 데 있다. 물론 이 전략은 미적분학만의 전유물이 아니다. 문제를 해결하는 데 뛰어난 전문가들 대부분은 어려운 문제일수록 여러 부분으로 나누면 더 쉽게 풀 수 있다는 걸 잘 안다."

정치에서 분할통치 Divide and Conquer 는 '분열시키고 지배하라'는 뜻으로 쓰이지만, 내가 맞닥뜨린 문제를 해결할 때는 '잘게 쪼갠 뒤에 해결하라'라는 말로 이해할 수 있다. 미적분학이 우리에게 주는 교훈이 흥미롭다. 갈 길을 정한 뒤에 문제가 생기면 원점으로 되돌아가 다시 시작하는 것도 생각해 볼 수 있지만, 마치 미분하듯이 그 문제를 잘게 나눈 뒤에 하나씩 해결해 나가는 것이 더 나을 수 있다.

※

제대한 뒤에 내가 맞닥뜨린 문제도 비슷했다. 앞날을 결정해야 했다. 취직과 대학원 진학, 둘 중 하나를 고르는 것도 쉽지 않았다. 취직을 하자니 공부에 미련이 남았다. 대학원을 선택하자니 과연 내가 업으로 삼을 만큼 공부를 좋아하는지 확신이 들지 않았다. 결국, 결정을 내리지 못했다. 학부 때 제법 열심히 공부했지만 실력을 제대로 쌓았는지 자신이 없었다. 마음은 대학원 쪽으로 기울었다. 우선은 대학원 진학에 필요한 공부를 이어가기로 마음먹었다. 아버지는 직장도 찾지 않고 대학원에도 진학하지 않으면서 혼자서 공부하겠다는 걸 탐탁지 않게 여기셨다. "졸업까지 했으면서 지금 뭐 하는 거냐"며 야단을 치시기도 했다. 아버지의 눈총을 버텨가며 집 근처 대학 도서관에 다니며 공부했다.

일 년 넘게 날마다 책을 붙들고 씨름했지만 능률은 오르지 않았고 진척도 빠르지 않았다. 이미 회사에 취직해서 돈을 버는 친구들을 볼 때마다 낙오된 것 같아 자괴감이 들었다. 한 번씩 학교에 들러 대학원생이 된 친구들의 이야기를 듣다 보면 저들은 저만치 앞서가는데 나는 여전히 뒤처진 것 같아 불안했다.

새롭게 시작하기 전에 무언가를 완벽하게 준비한다는 건 불가능함을 나중에야 깨달았다. 모든 걸 다 갖춘 뒤에 시작하겠다는 건 애초에 불가능했다. 취직이든 대학원 진학이든 우선 결정해야 했다. 부딪혀 보기 전에는 문제가 쉽게 드러나지 않는다. 혼자서 공부하면, 내가 제대로 된 길을 가고 있는지 확신이 들지 않는다. 시행착오로 잘못된 경로에 들어 한참 동안 헤맬 위험도 있다. 고립된 채 보냈던 일 년은 실력이 느는 데 조금은 도움이 되었을지 몰라도 짧은 시간이 아니었다.

일 년 먼저 대학원에 진학했다면 내 형편이 더 나아졌을까? 그랬더라면 독일로 유학 가는 일은 없었을 터이고 내 인생은 달라졌을지 모른다. 그게 더 나았을지 나빴을지는 아무도 모른다. 어쩌면 미국으로 공부하러 갔을지도 모르고 대학원을 마친 뒤에 취직했을지도 모를 일이다.

목표를 세우고 미래를 계획해도 모든 게 내가 뜻한 대로 흘러가지 않는다. 인생은 불확실함으로 가득하다. 내 앞에 어떤 일이 있을지 어떤 만남이 날 기다리고 있을지는 아무도 모른다. 결국, 내가 할 수 있는 건 지금 해야 할 일을 하는 것이다. 하루아침에 큰일을 할 수는 없지만 작은 문제를 해결해 나가다 보면 길이 보인다.

※

가속기의 아버지이자 거대과학의 창시자라고 알려진 물리학자 어니스트 로런스 Ernest Lawrence 도 그랬다. 그는 처음부터 물리학자가 될 생각은 없었다. 미국 사우스다코타의 시골 도시인 캔턴에서 자란 그가 1932년에 사이클로트론*을 개발

※ 사이클로트론Cyclotron: 이온 가속 장치의 하나. 수소·헬륨 따위의 가벼운 원자 이온을 가속시켜 원자핵을 파괴하고 인공 방사능을 일으키는 데 사용하는 장치로, 원자핵의 연구나 원자핵의 인공 파괴에 쓸 빠른 속도의 입자를 얻는 데 널리 쓴다.

한 공로로 1939년에 노벨 물리학상을 받게 되리라고는 아무도 생각하지 못했을 것이다. 독실한 기독교인이었던 어머니는 로런스를 세인트 올라프 대학에 거의 강제로 입학시켰지만 그는 그곳에서 공부에 흥미를 느끼지 못했다. 결국 로런스는 어머니 몰래 사우스다코타 대학으로 편입했다. 스스로 자기 인생의 첫발을 내디뎠다는 점에서 학교를 바꾼 것은 로런스에게 무척 중요했다.

로런스는 사우스다코타 대학을 졸업한 뒤에 의사가 되고 싶었다. 그러나 인생은 원래 계획대로 흘러가지 않는다. 그곳에서 공대 학장이었던 루이스 애컬리라는 물리학자를 만나면서 그의 인생 경로는 완전히 바뀌었다. 애컬리는 로런스의 재능을 알아보았다. 그는 학생들 앞에서 로런스를 자주 칭찬했고 개인적으로 그를 가르치기도 했다. 애컬리는 로런스가 미네소타 대학에서 계속해서 박사과정을 할 수 있도록 도왔다. 로런스는 거기서 윌리엄 스완이라는 물리학자를 만나면서 제대로 물리학자가 되는 길에 들어섰다.

로런스가 애컬리를 만나지 않았더라면 평범한 의사나 뛰어난 의학자가 되었을지도 모른다. 그리고 스완을 만나지 않았더라면, 그는 실험물리학자가 되지 않았을 것이다. 마찬가지로 내가 내린 결정이 내 인생을 어떻게 바꿀지 나는 모른다. 미래에 어떤 일이, 어떤 만남이 날 기다리고 있는지 지금 당장은 알 수 없다. 그렇다면 해야 할 일은 자명하다. 먼 앞날을 고민하기보다는 지금 내가 계획한 일을 하나씩 해나가는 것이 중요하다.

그러므로 혼자서 공부하면서 보낸 1년 남짓한 시간은 의미가 있었다. 효율이 크지 않아 낭비된 시간이 많았지만 그동안 혼자서 공부하는 방법을 익히며 대학원에 진학하겠다는 결심을 굳힐 수 있었다. 무얼 해야 할지 혼란스러웠던 1년이었지만, 춤추는 별을 낳으려면 지나가야 할 과정이었고, 앞으로 나아가기 위한 시간이었다.

7. 핵물리학이라는 속살
: 자연의 가장 깊숙한 곳을 향하다

학기가 끝나갈 즈음 차동우 교수의 연구실로 찾아갔다. 대학원에서는 핵물리학 이론을 전공하고 싶었다. 문을 열고 들어가자 차동우 교수의 연구실 오른쪽 벽면 책장을 가득 메운 전공 서적이 다시 눈에 들어왔다. 학부 때 한 번 보았던 책장이지만 이번에는 마치 저 책들이 내게 말을 걸어오는 것만 같았다. 차동우 교수에게 핵물리학 이론을 전공하고 싶다고 말했다. 그러자 그는 잠시 날 보더니 이렇게 물었다.

"군대는 갔다 왔나?"

"네, 다녀왔습니다."

"그렇다면 이론물리학보다는 3층 광학 실험실에서 석사 과정을 하는 건 어때?"

군대에 다녀온 것과 실험물리학을 전공하는 것 사이의 연관성이 무엇인지 몰라 잠시 당황했다. 차동우 교수는 말을 이어갔다.

"이론물리학을 전공하면, 취업하기 힘들어. 게다가 우리 학교는 광학으로 유명하잖아. 광학을 전공하면, 군대도 다녀왔으니 졸업 후에 바로 취직할 수 있지. 광학 실험을 전공하는 게 네게 더 좋을 거야."

갑자기 마음이 불안해졌다.

"교수님, 전 핵물리학 이론을 전공하고 싶습니다. 관심도 많고요. 실험은 아무래도 제 적성에 맞지 않는 것 같아요."

그는 묘한 표정을 짓더니 내게 물었다.

"전자기학은 좀 할 줄 알아?"

"네."

"그러면 내가 학부생들에게 지금까지 매주 내준 숙제를 줄 테니까, 다 푼 뒤에 다시 와."

그는 내게 숙제를 복사한 종이 한 묶음을 주었다. 여러 주에 걸쳐 출제한 숙제였다.

숙제의 양은 제법 되었지만 학부 전자기학 문제는 어렵지 않았다. 일주일 후, 문제를 푼 노트를 제출하자 차동우 교수는 나의 풀이를 훑어보더니 물었다.

"좀 할 줄 아네? 대학원 영어 시험은 붙을 자신이 있어?"

"합격하는 데 충분할 정도는 됩니다."

"좋아, 그러면 내일부터 내 학생들 연구실에 들어와서 공부해."

나도 모르는 사이에 두 주먹에 힘이 들어갔다. 드디어 원하던 핵물리학 공부를 할 수 있게 된 것이었다.

※

이론물리학자들은 제자를 받는 걸 선뜻 내켜 하지 않는다. 80여 년 전에도 비슷한 일이 있었다. 아브라함 파이스Abraham Pais라는 네덜란드 물리학자가 있다. 1935년에 그는 암스테르담 대학에 입학했지만 딱히 무얼 전공해야 할지 몰라 방황하고 있었다. 1937년 1월의 어느 날, 파이스는 위트레흐트 대학의 이론물리학 교수인 헤오르허 윌렌벅George Uhlenbeck이 암스테르담 대학을 방문해 며칠 동안 특별 강의를 한다는 걸 알게 되었다. 그 당시만 해도 이론물리학은 생소한 분야였다.

호기심에 파이스는 강의에 참석했다. 강단 앞에 선 윌렌벅은 키가 훤칠했다. 목소리는 부드럽고 지적이었다. 그는 분필을 들고 칠판 왼쪽 끝 위의 모서리에서부터 원자핵의 베타붕괴와 관련된 식을 적어나갔다. 그리고 청중들을 보며 복잡한 식 속에 담겨 있는 의미를 설명했다. 파이스는 대학에 다니는 동안 이런 강의는 들어본 적이 없었다. 온몸에 전율이 일었다. 원자핵이라는 말도 들어본 적이 없었고 저런 식은 본 적도 없었다. 무엇보다도 저 미시적인 세계에서 일어나는 현상을 짤막한 식으로 담아내는 이론물리학이 오묘하게 다가왔다. 파이스는 윌렌벅과 같은 이론물리학자가 되고 싶었다.

암스테르담 대학을 졸업한 뒤 대학원에 진학했지만 그곳에는 그에게 이론물리학을 가르쳐 줄 만한 사람이 없었다. 실망한 파이스는 윌렌벅에게 한 번 찾아뵈어도 되냐고 편지를 보냈다. 허락한다는 답장을 받은 그는 위트레흐트로 가는 기차를 탔다. 윌렌벅 교수의 연구실을 찾아 문을 두드리고 들어갔다. 윌렌벅 교수는 파이스를 반갑게 맞이했다. 파이스가 말했다.

"저는 이론물리학을 배우고 싶습니다."

윌렌벅의 대답은 차동우 교수가 내게 한 말과 비슷했다.

"파이스 씨, 만약 물리학을 좋아한다면 실험물리학자가 되는 걸 생각해 보는 게 어때요? 아니면 이론물리학의 수학적인 부분에 끌린다면 차라리 수학자가 되는 건 어때요?"

월렌벅은 말을 이어갔다.

"네덜란드에서 이론물리학자가 갈 수 있는 자리는 극히 드물어요. 지금도 네덜란드 전체 물리학과 교수 중에 이론물리학자는 다섯 명밖에 없어요. 그러니 실험을 전공하거나 수학을 전공하면 대학에 자리 잡기도 수월하고 회사에 취직한다고 해도 크게 도움이 될 겁니다."

그때 파이스의 기분도 나와 비슷했을 것이다.

"윌렌벅 교수님, 그러나 저는 이론물리학이 정말 좋습니다."

월렌벅은 말없이 파이스를 쳐다보더니 살짝 미소를 지었다.

"파이스 씨, 정말 그렇게 생각한다면 무슨 수를 쓰든지 이론물리학자가 되세요. 이론물리학은 당신이 상상할 수 있는 가장 멋진 학문이랍니다."

파이스는 나중에야 알게 되었지만, 윌렌벅도 자신의 지도교수였던 유명한 이론물리학자 파울 에렌페스트 Paul Ehrenfest 에게서 똑같은 말을 들었다고 했다. 에렌페스트는 위대한 물리학자 루트비히 볼츠만 Ludwig Boltzmann 에게서 같은 말을 들었다.

＊

80년 전이나 지금이나 상황은 바뀌지 않았다. 나 또한 이론물리학을 배우고 싶다고 내게 찾아오는 학생에게 비슷한 말을 한다.

"이론물리학을 전공한다는 건 쉽지 않은 길을 가겠다는 거야. 대학에서 핵물리학 이론을 전공한 교수 자리는 가물에 콩 나듯 해. 그러나 네가 정말 원한다면, 너와 함께 가 줄게. 이론물리학은 참 아름다운 학문이거든. 이론물리학자가 아니라면, 누가 자연의 가장 깊숙한 속살까지 들여다볼 수 있겠어."

대학원 진학을 결정하던 그 순간으로 세월을 되돌려 내게 다시 선택할 기회가 주어진다고 하더라도 나는 이론물리학을 전공으로 선택했을 것이다. 그 덕분에 자연을 조금 더 깊이 볼 수 있게 되었고 학문의 즐거움을 경험할 수 있었다. 내게는 이론물리학이었지만 다른 이들에게는 또 다른 것이 기쁨의 원천이 될 수 있다. 그러므로 살면서 가장 하고 싶은 것을 선택했다면, 후회 없이 그 길을 가길 권한다. 만약에 그 길이 내 길이 아니라면? 중간에 발길을 돌린다고 해서 그 시간 동안 노력한 것이 헛되지는 않다. 뒤에서 이야기하겠지만 내게서 배운 학생들 중에서도 공부를 접고 다른 걸 선택한 이들이 있었다. 적어도 자기가 선택한 것에 열정을 쏟은 한 자신의 선택을 후회하는 이는 없었다.

8. 핵자와의 만남
: 물리학에 눈을 뜨다

대학원에 이르러서야 물리학에 눈을 떴다. 그전까지는 김이 서린 유리창 너머로 나무 한 그루를 희미하게 바라볼 뿐이었다. 다시 물리학을 배우며, 손끝에 그 나무의 고갱이가 촉촉하게 닿는 듯했다. 잘 만들어진 문제를 푸는 게 물리학의 전부가 아니었다. 그제야 비로소 눈앞에 지평이 펼쳐졌다. 물리학의 개념이 보였고, 체계가 눈에 들어왔다.

물리학은 자연의 속살을 깊숙이 들여다보는 창이었다. 전자기학을 공부하며 이 놀라운 사실을 경험했다. 오스트리아의 이론물리학자 볼프강 에른스트 파울리 Wolfgang Ernst Pauli 는 스물한 살에 아인슈타인의 상대성이론을 정리해 책으로 펴낸

천재적인 물리학자였다. 전자기학에 관해 그는 깊은 통찰력이 담긴 말을 남겼다.

"전자기학은 귀납적인 방법과 연역적 방법으로 설명할 수 있다."

귀납적으로 설명한다는 것은 실험적 사실을 바탕으로 현상을 이해하는 걸 의미한다. 17세기에는 샤를 드 쿨롱Charles de Coulomb이 정전기 법칙을 발견했고 18세기에는 앙드레마리 앙페르André-Marie Ampére가 '전류는 자기장을 생성한다'라는 사실을 알아냈다. 19세기 초반에는 마이클 패러데이Michael Faraday가 전자기유도 법칙을 밝혀냈다. 19세기 중반에 이르러 스코틀랜드 출신 물리학자인 제임스 클러크 맥스웰James Clerk Maxwell은 이 모든 법칙을 여덟 개의 식으로 한데 통합한다. 이 것이 맥스웰 방정식이다. 학부에서도 대학원에서도 대체로 이런 역사적인 순서를 따라 귀납적으로 전자기학을 배운다.

1905년, 알베르트 아인슈타인이 특수상대성이론을 내놓으면서 비로소 실험 없이 오직 이론에서 출발해 전자기학을 이해할 수 있는 길이 열렸다. 특수상대성이론이 처음 등장한 논문의 제목은 〈움직이는 물체의 전기동역학에 관하여〉였다. 논문 제목이 암시하듯이 특수상대성이론과 전자기학의 관계는 서로 떼려야 뗄 수 없다. 실험 없이도 특수상대성이론에서 맥스웰 방정식을 연역적으로 유도할 수 있다는 사실은 이론물리학의 탐미적인 면을 드러낸다.

움베르토 에코는 《미의 역사 Storia Della Bellezza》(열린책들, 2005)에서 이렇게 말했다.

"아름다움이란 절대 완전하고 변경 불가능한 것이 아니라 역사적인 시기와 장소에 따라 다양한 모습을 지닐 수 있다."

그러나 에코의 말을 물리학에 적용하면 절반만 맞는 말일지 모르겠다. 물리학에서 아름다움은 맥스웰 방정식처럼 수억 년이 지나도 변함없는 모습 속에 깃들어 있다. 에코가 맥스웰 방정식의 의미를 알았다면 이것이야말로 불변하는 미의 극치라며 찬탄했을 것이다. 맥스웰 방정식은 형식적 미와 내재적 아름다움을 모두 갖춘 자연의 예술 작품이었다.

※

대학원에서 핵물리학을 연구하려면 반드시 알아야 할 양자장론*을 공부하며 미시 세계의 아름다움에 빠져들었다. 여기

※ 양자장론量子場論: 소립자의 성질과 그들 사이의 상호 작용을 설명하는 이론.

서 드디어 양자전기역학을 만났다. 그것은 특수상대성이론과 양자역학이 결합하면 탄생하는 이론이다. 양자전기역학은 전자라는 입자가 지닌 성질을 믿기 어려울 만큼 정밀하게 기술한다.

전자에는 자기적인 성질이 있다. 이 성질의 세기를 양자전기역학이 등장하기 전의 이론으로 계산하면 2라는 값이 나온다. 그러나 실험으로 측정하면 2에서 미세하게 어긋나 있다. 오늘날 이 값은 소수점 아래 열세 자리까지 측정된다. 이는 놀랍게도 양자전기역학으로 계산한 값과 거의 완벽하게 일치한다. 그것은 마치 서울과 부산 사이 거리를 재는데 오차가 박테리아 하나 크기만큼인 셈이었다. 이런 이유로 리처드 파인만 Richard Feynman 은 "양자전기역학에서는 이론과 실험이 같다"라고 단언했다.

수원에 있는 성균관대에서는 몇몇 대학의 교수와 학생들이 핵물리 연구 모임을 가졌다. 지도교수와 나도 정기적으로 모임에 참석했다. 모임에 가는 날은 지도교수가 운전하는 차에 함께 타고 가며 그동안 궁금했던 것들을 물어볼 기회였다. 물리학은 책이나 논문을 읽으면서 공부하기도 하지만, 궁극적으로 말로 배운다. 연구 주제를 함께 논할 때는 더욱 그렇다.

학문은 대화를 통해 다음 세대로 전달된다. 그것은 책에서는 배울 수 없는 것들, 언술로 전해지는 비전秘傳 같은 것이었다. 양자역학이 막 태동할 즈음, 독일 뮌헨 대학 교수였던 아르놀트 조머펠트는 괴팅겐을 방문하며 박사과정 학생이었던 베르너 하이젠베르크를 데리고 가기도 했다. 뮌헨에서 괴팅겐까지 기차를 타고 가며 두 사람은 무슨 대화를 나눴을까? 아마도 비슷한 대화를 나눴을 것이다. 학생은 선생과 대화하며 자란다.

대학원에서 보낸 1년도 끝나가고 있었다. 겨울방학부터는 졸업 논문에 필요한 연구 주제를 찾아야 했다. 방학이 되기 전 지도교수는 내게 책 한 권을 건네주었다. 라자트 바두리 Rajat K. Bhaduri의 《핵자의 모형》*이라는 책이었다. 핵자는 양성자와 중성자를 통칭하는 말이다. 표지는 녹색 장정판으로 빛을 받으면 윤기가 흘렀다. 그는 책을 주며 꼼꼼히 읽어보라고 했다. 처음으로 갖게 된 장정판 전공 서적이었다. 고마운 마음에 책 안쪽에 '지도교수께서 주신 책'이라는 말을 적어두었다. '핵자'는 내게 운명처럼 다가왔다. 박사과정을 마치고 연구원이 된

※ Rajat K. Bhaduri, 《Models of the Nucleon》(Addison-Wesley, 1988)

뒤부터 지금까지 가장 많이 연구한 주제가 핵자의 구조였다.

《핵자의 모형》에서는 핵자를 다루는 여러 모형을 소개하면서 핵자를 이해하는 데 꼭 알아야 할 이론도 정리해 놓았다. 각 장 끝에는 연습 문제가 붙어 있었다. 나는 책의 내용을 노트에 정리하고 연습 문제도 빠짐없이 풀었다. 마지막 장에서는 당시 학계의 지대한 관심을 끌던 스컴 모형 Skyrme model 이 소개되어 있었다. 봄이 다 되어서야 책을 끝까지 읽었다.

스컴 모형은 영국의 이론물리학자 토니 스컴 Tony Skyrme 이 1960년대 초반에 개발한 이론으로, 지나치게 난해한 탓에 사람들의 기억에서 잊혔다. 말레이시아의 밀림을 좋아했던 스컴은 영국을 떠나 1962년부터 말라야 대학에서 교수 생활을 하며 조용히 지냈다. 그러다 천재 물리학자 에드워드 위튼 Edward Witten 이 양자색역학*의 체계 안에서 스컴 모형에 새로운 생명을 불어넣으면서, 이 잊힌 이론은 1980년대를 뜨겁게 달궜다. 정작 스컴 자신은 이 모형이 재조명을 받을 즈음인 1987년, 간단한 수술을 받다 세상을 떠나고 말았다.

＊   소립자의 강한 상호 작용을, 쿼크의 색으로 불리는 양자수 사이에 작용하는 힘으로서 다루는 이론.

스컴 모형에는 아주 독특한 구석이 있었다. 물리학에서 입자는 스핀이라는 고유한 성질을 지닌다. 이 값이 정수냐 반정수*냐에 따라 입자는 보손과 페르미온으로 나뉜다. 보손의 경우에는 한 상태에 여러 입자가 동시에 있어도 되지만 페르미온은 그렇지 못하다. 스핀이 서로 다른 두 개의 페르미온만이 한 상태에 들어갈 수 있다. 희한하게도 스컴 모형에서는 보손만으로 표현되는 식에서부터 페르미온이 등장한다. 위튼은 위상수학을 이용해 기묘한 스컴 모형을 재해석했다.

책을 다 읽자, 지도교수께서는 성균관대 핵물리 연구 모임에서 세미나를 하라고 말씀하셨다. '핵물리학을 전공하신 교수 네 분 앞에서 세미나를 한다?' 그런 세미나는 해본 적이 없었다. 부담감이 몰려왔다. 공부한 걸 남들 앞에서 발표하는 건 열심히 공부했다고 잘할 수 있는 일이 아니었다. 전문가들 앞에서 세미나를 한다는 생각만 해도 떨렸지만, 내가 책을 제대로 이해했는지 확인할 기회이기도 했다.

세미나를 다 끝내자, 교수님들께서 의견을 나누셨다.

"스컴 모형은 요즘 많이 연구하고 있던데, 이 책에서 배운

---

* $\frac{1}{2}$의 홀수 배로 나타낼 수 있는 $\frac{3}{2}, \frac{5}{2}$와 같은 수를 말한다.

걸로 뭔가 새로운 연구를 할 수 없을까?"

그날 내가 연구할 첫 주제가 정해졌다. 우선 스컴 모형에서 얻은 결과를 재현하기로 했다. 새로운 걸 연구하는 건 아니었지만 생애 최초의 연구가 그렇게 시작되었다.

9. 함께하는 연구

: 따바리쉬의 마음

연구의 첫걸음을 뗐다. 새로운 걸 연구하려면 우선 남들이 닦아둔 길을 따라 조심스럽게 걸어가 봐야 한다. 그조차도 쉬운 일은 아니다. 그러나 그 길을 제대로 걷고 나서야 남들이 가지 않은 길을 갈 준비를 마치는 셈이다. 내가 해야 할 연구 주제는 스컴 모형을 이용해 양성자의 구조를 이해하는 것이었다.

스컴 모형의 핵심인, 보손에서 페르미온이 나오는 원리를 이해하려면 호모토피 군 homotopy group 을 알아야 했다. 그것은 '형태를 바꿔도 본질이 바뀌지 않는 구조'를 분류하는 위상수학적인 방법을 뜻한다. 이를테면 둥근 찐빵 위에 펜으로 그린 고리는 얼마든지 수축시킬 수 있지만, 도넛의 구멍을 감싼 고리는 아무리 작게 줄여도 결국 구멍을 지나지 못한다. 찐빵과 도넛이 위상수학적으로 다르다는 건 이런 차이에서 비롯된다.

연구에 필요할 것 같아 위상수학을 수강하고 거기서 호모토피 군을 배웠지만 충분하지 않았다. 그래서 무작정 수학과 사무실에 가서 혹시 호모토피 군을 잘 아는 분이 있냐고 물었다. 다행히 그곳에 강사 한 분이 있었다. 그분은 "왜 호모토피 군이 궁금해요?"라며 내게 되물었다. 내가 그 이유를 설명하자 따로 시간을 내서 가르쳐 주겠다고 약속했다.

강사분은 나를 빈 강의실로 데려가 호모토피 군을 강의했다. 무료 개인교습이었다. 강의를 들을 땐 알 것 같았다. 강의가 끝난 뒤에 연구실로 돌아와 되새겨 보니, 여전히 이해가 안 갔다. 혼자서 호모토피 군을 공부하고 싶은 생각이 굴뚝같았지만 시간이 여의찮았다. 그래서 호모토피 군은 접어두고 일단 계산부터 해나가기로 마음을 정했다.

스컴 모형에 관한 논문들은 이해하기 힘들었지만 다행히 그레고리 애드킨스Gregory Adkins라는 물리학자가 쓴 스컴 모형 강의록이 있었다. 덕분에 양성자의 질량을 유도하는 과정은 곧잘 따라갈 수 있었다. 그러나 공부할 때와는 달리 연구를 시작하면서 마음이 답답해졌다. 공부는 교과서가 있어 혼자서 해도 별다른 문제가 없었다. 그러나 연구는 달랐다. 남들이 닦아놓은 길을 따라가는 것조차 쉽지 않았다. 혼자서는 감당하기 어려웠다. 함께 토론할 사람이 필요했다.

*

당시 국내에서 스컴 모형을 가장 활발하게 연구하는 곳은 서울대와 한양대였다. 그래서 서울대 핵물리학 이론 그룹에 방문해서 그곳 박사과정 한 분을 만났다. 그의 이름은 오용석이었다. 훗날 그는 나와 교수 자리를 두고 경쟁하기도 했고 나중에 경북대 교수가 되어 논문도 함께 쓰며 우정을 쌓아간 동료였다. 그러나 포항공대에 있는 아시아태평양이론물리센터에서 핵물리학 이론 책임자로 있으면서 한국 핵물리학의 발전을 위해 애쓰다가 이른 나이에 과로로 세상을 떠났다.

그에게 스컴 모형을 공부하며 겪는 어려움을 토로하자 그는 흔쾌히 자기 연구 노트를 복사해 내게 건넸다. 물어보고 싶은 것도 많아 스컴 모형을 공부하면서 궁금했던 걸 질문하자 명쾌하게 설명해 줬다. 그는 서울대 핵물리학 이론 그룹의 정기 세미나에도 초청했다. 서울대 모임에 참석하면서 또 한 번 눈을 뜨게 되었다. 연구는 혼자 하는 것보다 함께 하는 게 효과가 훨씬 컸다.

서울대 모임에 다니면서 그곳에서 열리는 초청 연사 세미나에도 참석할 기회가 있었다. 하루는 외부에서 온 이론 핵물리학자 한 분의 세미나가 열렸다. 교수 한 분이 연사를 소개하면서 이렇게 말하는 것이었다.

"연사님께서는 당연히 서울대에서 학부를 마치셨고······."

'당연히?' 그 단어가 묘하게 귀에 거슬렸다. '당연히'라니 꼭 서울대를 나와야지만 이론물리학을 할 수 있는 건가?' 이질감과 더불어 반발심이 들었다. 세미나를 듣는 내내 내가 있을 자리가 아닌 것 같아 마음이 불편했다. '당연히'라는 말에서 학벌주의의 또 다른 모습인 배타주의와 독점주의가 느껴졌다.

지금도 내게 비슷한 질문을 하는 학생들이 있다.

"이론물리학은 서울대나 상위권 대학 출신들이나 할 수 있는 분야, 아닌가요?"

이건 한국에서나 나올 만한 질문이다. 물리학의 기초가 탄탄하고 관심과 흥미가 있다면 누구든 이론물리학자가 될 수 있다. 저 말이 사실이라면 나는 영원히 이론물리학자가 될 수 없었을 것이다. 다행히 서울대 핵물리학 이론 그룹의 학생들과는 함께 토론하며 잘 지낼 수 있었다. 관심사를 공유할 수 있는 사람이 있다는 것만으로 이들과의 만남은 소중했다.

∗

스컴 모형을 이용해서 양성자를 규정하는 여러 물리량을 구하려면 손으로 계산하는 것만으로는 부족했다. 수치 계산도 해야 했다. 그러려면 수치 계산에 특화된 포트란Fortran이라는 코딩 언어도 익혀야 했다. 그러나 초보자가 연구에 쓸 수 있는 포트란 코드를 처음부터 만드는 것은 무척 힘든 일이었다. 더구나 내겐 시간이 많지 않았다.

한양대에서도 스컴 모형으로 논문을 여러 편 출판한 사실을 알고 있었다. 그래서 이번에는 무작정 한양대로 향했다. 누가 만든 코드를 그냥 달라고 하는 건 예의 없는 짓이다. 그걸 알면서도 한양대에 가서 실제로 코드를 만든 분을 만나 프로그램을 얻을 수 있느냐고 부탁했다. 아직 포트란 언어도 능숙하게 구사하지 못하고, 서너 달 만에 석사 학위 논문을 마쳐야 하는데 지금부터 포트란 언어를 다 배우고 코드를 짜기 시작하면 기한 내에 졸업하는 게 힘들 거라며 내가 처한 사정을 전했다. 그분 역시 흔쾌하게 코드를 내주었다. 정말이지 고마웠다. 처음으로 함께 같은 분야를 연구하는 사람들 사이에 존재하는 끈끈한 정을 느꼈다.

러시아어에는 따바리쉬товарищ라는 단어가 있다. 직역하면 동료나 동지가 되겠지만 이 단어에는 역사적 의미가 담겨 있나. 17세기에 네덜란드가 세계에서 가장 부유한 나라가 될 수 있었던 요인 중 하나는 상인들의 조직, 길드였다. 이들은 서로를 보호하며 17세기 네덜란드 경제를 이끄는 막강한 세력이 되었다. 따바리쉬에는 같은 업종에 종사하는 사람들이라는 뜻이 내포되어 있다. 물리학자들 사이에도 이런 길드 의식이 있다. 물리학을 전공한다는 사실만으로도 쉽게 친해졌다. 서울대에서 만난 오용석에게서 느꼈던 감정을 한양대에서 다시 한번 느꼈다. 언젠가 때가 되면 나도 동료들에게 무언가를 베풀 수 있을지도 몰랐다.

스컴 모형에 관한 첫 논문에 나온 결과는 모두 확인했지만, 이 논문을 넘어서 새로운 연구를 하기에는 내 지식과 경험이 짧았다. 무엇보다도 석사학위 논문 마감 시한이 얼마 남지 않아 새로운 계산을 시작하기에 시간이 턱없이 부족했다. 지도교수는 지금까지 혼자 힘으로 새로운 걸 배운 것만 해도 충분하다며 그걸 바탕으로 학위 논문을 쓰라고 했다. 그때만 해도 다른 이의 논문 결과를 혼자서 재현하는 것만으로도 석사학위 논문을 쓸 수 있었다. 결국 석사과정 동안 공부는 많이 했지만 연구다운 연구는 하지 못하고 끝을 맺은 셈이었다. 생애 첫 연구는 그저 남들이 해놓은 발자국을 되밟아 본 것에 불과했다. 내가 독창적으로 한 연구를 석사학위 논문에 담고 싶었지만 기껏해야 남이 해놓은 일을 따라간 결과만을 적으며 아쉬움을 남겼다.

비록 남이 해놓은 연구를 한번 따라가 보는 것으로 석사학위를 마무리했지만 그렇다고 얻은 게 없진 않았다. 교과서를 공부하는 것과 연구를 하는 건 달랐다. 새로운 연구를 하려면 우선 지금까지 해놓은 연구를 잘 따라가야 했다. 이조차도 때로는 혼자 힘으로 할 수 없다. 그럴 땐 전문가의 도움을 청하거나 공동 연구를 하는 것도 한 가지 방법이라는 걸 깨달았다. 나보다 나은 이들은 반드시 있기 마련이다. 서울대 핵물리학 이론 그룹의 연구 모임에서도 그랬고, 한양대 박사과정 학생으로부터 도움을 받을 때도 그랬다. 연구의 또 다른 매력은 나와 비슷한 길을 걷는 동료를 만나고 그들로부터 배울 수 있다는 점이었다.

10. 스치는 바람을 잡다
: 기회는 햇살 아래 안개 같은 것

기회는 바람처럼 찾아온다. 알아챘을 땐 이미 저만치 가버린다. 기회는 또 고양이처럼 살금살금 소리 없이 다가온다. 준비되어 있지 않으면, 햇살 아래 안개처럼 사라진다. 기회는 언제나 준비된 자의 몫이다.

하루는 지도교수가 유학을 제안했다.

"미국으로 유학 가는 건 어떻겠니? 너 정도라면 가서도 충분히 잘 해낼 수 있을 것 같은데."

유학? 막연하게나마 생각해 본 적은 있었다. 박사과정은 외국에서 밟는 게 더 나을 것 같았다. 지도교수는 말을 이어갔다.

"미국으로 유학 가고 싶다면, 북쪽으로 갈지 남쪽으로 갈지도 함께 생각해 보는 게 좋을 거야."

남과 북? 미시간주는 북쪽에 있으니, 저에너지 핵물리학을 하려면 북쪽으로 가는 편이 좋다는 뜻인가? 아니면 남쪽 버지니아주에 전자가속기 연구소 Continuous Electron Beam Accelerator Facility(CEBAF) 가 있으니 고에너지 핵물리학을 하려면 남쪽으로 가라는 말씀인가? 또는 그 중간쯤에 있는 뉴욕 롱아일랜드의 브룩헤이븐 근처 뉴욕 주립대학이 어떠냐는 말씀인가?

나는 조심스럽게 되물었다.

"네? 북쪽과 남쪽이라니요?"

지도교수는 웃으며 대답했다.

"스키를 배우고 싶다면 눈이 많이 오는 북쪽이 좋을 테고, 수영을 좋아한다면 아무래도 물이 많은 남쪽이나 서쪽이 좋겠지?"

아, 그런 말씀이었구나. 스키는 생전 타 본 적이 없고, 수영은 아주 조금 할 줄 아니까…… 남쪽으로 간다고? 그럴 바엔 아예 아주 남쪽, 플로리다 대학으로 가는 것도 괜찮겠다 싶었다.

유학하려면 돈도 많이 들 것 같았다. 지도교수에게 물었다.

"유학하려면 비용이 만만치 않게 들 텐데요."

그러자 지도교수는 정색하며 말했다.

"아니, 누가 이론물리학을 전공하면서 자기 돈을 내고 공부해? 가뜩이나 공부하기 어려운 전공인데 공부할 동안만이라도 남의 돈으로 공부해야지, 네 돈으로 공부하면 되겠니? 너만 잘한다면 장학금 받는 건 그다지 어려운 일이 아니야."

장학금은 생각해 본 적이 없었다. 유학을 생각하면서도 선뜻 결정을 내리지 못한 것도 돈 때문이었다. 장학금만 받을 수 있다면 미국에서 공부하지 않을 이유가 없었다. 그래서 틈날 때마다 토플과 미국 대학원 입학 자격시험을 준비했다.

∗

석사 2년 차가 시작된 지 좀 지났을 때 한 독일 교수가 인하대에 초청받아 와서 세미나를 진행했다. 교수의 이름은 요제프 슈펫으로, 독일 헬름홀츠 연구협회의 율리히 연구센터에 속한 핵물리연구소의 소장이었다. 동시에 연구소로부터 70여 킬로미터 떨어진 곳에 있는 본 대학의 교수이기도 했다. 슈펫 교수가 주도하는 세미나는 난생처음 겪어보는 영어 세미나였다. 물리학은 둘째 치고 독일 억양이 잔뜩 묻어나는 영어조차 알아듣지 못했다.

슈펫 교수가 독일로 떠난 지 며칠 후 지도교수가 내게 물었다.

"독일로 유학 가는 건 어때?"

"네? 독일로요?"

"슈펫 교수가 똑똑한 학생이 있으면 자기한테 보내라고 했어. 내 생각에 네가 독일로 가면 좋을 것 같은데. 너는 기초도 탄탄하고 계산도 잘하니 독일에서 박사과정도 충분히 해낼 것 같아."

독일로 유학 가는 것은 한 번도 생각해 본 적이 없었다. 그래서 다시 물었다.

"저는 독일어를 전혀 못 하는데요?"

"독일어는 잘하지 않아도 된대. 학위 논문도 영어로 쓰면 되고."

고민이 되었다. 내내 미국에서 유학하려고 영어 공부와 미국 대학원 입학 자격시험을 준비하고 있었는데 독일로 유학한다고?

"그럼, 학비랑 생활비는요?"

그러자 지도교수는 씩 웃으며 대답했다.

"당연히 독일 연구소에서 지원해 주지."

그렇다면 독일로 가지 않을 이유가 없었다.

3부

실로 어마어마한, 사람이라는 우주

11. 고통의 시작
: 새로운 스승, 새로운 배움

누구나 한 번쯤은 살면서 견디기 힘들다고 느끼는 순간이 있었을 것이다. 누구는 20대에 겪을 수도 있고 또 누구는 서른이 넘어 맞닥뜨릴 수 있다. 나는 박사과정에 들어가면서 가장 어려운 첫 고비를 만났다. 시작할 때만 해도 박사과정이 이렇게 힘들 줄은 몰랐다. 난생처음으로 외국에서 생활해야 한다는 것도 버거웠지만 누구의 도움도 받지 않고 홀로 서야 한다는 건 훨씬 더 고통스러웠다. 무엇보다도 혼자서 버텨야 한다는 건 참으로 고독한 일이었다.

지금은 내가 세상에서 가장 힘든 일을 겪는 것처럼 느껴지지만 지나고 보면 나만 그렇게 힘든 순간을 보낸 것은 아니다.

분야를 떠나 박사과정이란 홀로 서는 기간이고, 박사학위는 비로소 혼자서 연구할 수 있다고 인정해 주는 자격증과 비슷하다. 홀로 선다는 건 쉽지 않다. 그러나 정말 학문의 길로 들어서고 싶다면 반드시 홀로 서야만 했다.

※

삼 년 동안 머물게 될 율리히 연구센터 Forschungszentrum Julich(FZJ)는 우듬지가 보이지 않을 만큼 빽빽한 숲으로 둘러싸여 있었다. 아침 출근길에는 토끼들이 좌우로 늘어서 있고, 한 번씩 사슴이 잔디밭을 가로지르며 뛰어갈 만큼 자연 속에 파묻힌 곳이었다. 숲속을 통과해 시내로 가는 지름길을 가다 보면 한 번씩 여우도 볼 수 있었다.

이렇게 서정이 넘치는 곳이었지만 원자로가 있어서 경비가 삼엄했다. 정해진 입구를 빼면 사방이 철책으로 막혀 있었다. 그러나 정문으로 들어가면 눈앞에 작은 호수가 펼쳐졌고, 건물과 건물 사이에 잔디가 깔려 있어 마치 고즈넉한 공원처럼 보였다. 연구센터는 독립된 연구소가 여럿 있는 복합 연구단지였다. 연구센터 후문 바로 옆에 서 있는 직육면체 모양의 건물이 내가 3년 동안 지낼 핵물리연구소 Institut fur Kernphysik(IKP)

였다. 문을 열고 들어서자 불안감이 엄습해 왔다. '내가 잘할 수 있을까?'

내가 머물게 될 연구실은 2층에 있었다. 복도는 반대편 끝이 마치 한 점으로 소실되는 것처럼 보일 만큼 길었다. 복도 좌우로는 연구실이 서로 마주 보고 있었다. 연구실 문은 대부분 열려 있었고 학생 연구실은 보통 두 명이 한 방을 함께 썼다.

내가 사용할 연구실에 들어갔다. 책상이 두 개가 놓여 있었는데 내가 쓸 책상은 창가였다. 책상 앞에 있는 의자에 앉았다.

얼마 지나지 않아 지도교수가 될 분이 연구실로 들어왔다. 그는 안경을 끼고 있었고, 회색빛이 감도는 눈매가 매서웠다.

"안녕? 내가 앞으로 널 지도하게 될 카를 홀린데야."

"안녕하세요?"

그는 별다른 말도 없이 바로 칠판으로 가더니 분필을 들고 동그라미를 크게 그렸다. 이어서 동그라미 위에 두 개의 대각선을 긋고, 아래에도 대각선 두 개를 동그라미에 붙여 그렸다. 그는 몸을 돌려 날 보며 그림에 관해 짤막하게 설명을 마친 뒤에 말했다.

"이게 자네의 박사학위 연구 주제야."

홀린데 교수는 날 한 번 힐끗 쳐다보곤 연구실에서 나갔다. 칠판에 그려진 동그라미와 작대기 네 개를 한참 동안 쳐다보았다. 의아함과 당혹감이 몰려왔다.

'도대체 저 동그라미는 뭐고, 저 작대기는 또 뭐란 말인가?'

내가 해야 할 일이라는 저 그림의 정체가 무엇인지 도무지 감을 잡을 수 없었다. 불안한 마음으로 홀린데 교수의 연구실에 가서 조심스레 물었다.

"제가 할 일을 좀 더 구체적으로 설명해 주실 수 있나요?"

그러자 그는 "그러니까 네가 할 일은……"이라며 말끝을 흐리더니 일단 따라오라고 했다. 그를 따라 들어간 곳은 연구소 도서관이었다. 거기서 논문집 한 권을 꺼내 들고 복사기로 가더니 논문 한 편을 복사해서 내게 줬다. 그러곤 다시 따라오라고 했다.

홀린데 교수가 날 데리고 들어간 연구실에는 존 두르소라는 교수가 있었다. 그는 연구년을 이곳에서 보내려고 미국에서 온 이탈리아계 미국인이었다. 내가 연구할 주제에 관해 잘 아는 분이었다. 그날부터 3개월 동안 두르소 교수는 마치 나의 개인교수처럼 친절하게 공부해야 할 내용을 가르쳐 줬다.

설명을 마친 후에는 어김없이 숙제를 내줬다. 숙제는 쉽지 않았다. 참고문헌을 찾아가며 숙제의 답을 구한 뒤, 다음 날 아침에는 어김없이 그를 찾아갔다. 그제야 비로소 박사과정을 시작하는 것 같았다. 이렇게 해나가면 곧 박사학위 주제를 연구하는 것도 어렵지 않을 것 같았다. 그러나 그는 곧 미국으로 떠날 예정이었다.

두르소 교수가 미국으로 떠날 즈음, 홀린데 교수가 칠판에 그린 그림이 무얼 의미하는지 알게 되었다. 두르소 교수는 연구소를 떠나는 날, 내게 와서 웃으며 내 어깨를 두드렸다.

"너무 걱정하지 말고 질문이 있으면 이메일로 보내세요. 꼭 답장할 테니까."

불안함이 스멀스멀 올라왔다.

*

두르소 교수가 미국으로 떠난 지 얼마 지나지 않아 3층에 있는 지도교수 연구실로 가서 물었다.

"이제 무얼 해야 하나요?"

그러자 지도교수는 조금은 짜증이 섞인 말투로 대답했다.

"자네는 박사과정 학생 Doktorand 이야. 무얼 하든지 그건 자

네가 알아서 해야지."

연구실로 돌아와 책상 앞에 앉았다. 독일로 올 때만 해도 지도교수의 가르침을 받아 훌륭한 물리학자로 쑥쑥 커가리라 여겼다. 그런데 혼자서 알아서 하라고? 지도교수가 야속하게 느껴졌다. 사막 한가운데에 버려진 것만 같았다. 외롭고 두려웠다. 그때까지만 해도 박사과정이란 무엇인지 전혀 모르고 있었던 게 문제였다. 박사과정은 혼자서 연구하는 걸 배우는 기간이었다. 누군가에게 의지해서는 독립심을 기르기 힘들다. 지도교수가 매정하게 말하긴 했지만, 그가 한 말은 틀리지 않았다.

우선 나보다 앞서 박사학위를 받은 사람의 학위 논문 두 편을 읽기로 했다. 둘 다 독일어로 쓰여 있었다. 독일어 논문을 읽어야 한다고 생각하니 한숨부터 나왔다. 게다가 한 명은 수동태를 선호했고 다른 한 명은 능동태로 논문을 썼다. 연구소 소장 슈펫 교수는 독일어 공부보다는 물리를 연구하는 게 우선이라고 말했지만, 독일어로 쓰인 학위 논문을 읽으려면 어쩔 수 없이 독일어 공부를 병행해야 했다. 사전을 찾아가며 논문을 읽어 나가려니 좀처럼 진도가 나가지 않았다.

어느 날 세미나 시간에 지도교수를 만났다. 그래서 독일어 논문을 읽는 게 여간 힘든 일이 아니라고 푸념했더니 이렇게 말하는 것이었다.

"그럼, 하루에 스물네 시간 논문을 읽으면 되겠네."

아, 괜한 이야기를 꺼냈다. 지도교수는 이미 내게 자기 생각을 밝혔는데 뭔 위로와 격려를 그에게서 구한단 말이냐.

월요일부터 금요일까지 연구소에서 밤늦게까지 연구했다. 논문을 읽고, 손으로 계산하며 수치 계산에 필요한 프로그램을 짰다. 토요일에도 오전에 집안일을 한 뒤 연구소에 나가 늦게까지 일했다.

시간은 쏜살같이 흘렀다. 1년이 지나서야 비로소 그 낯설었던 그림의 정체를 파악했다. 그리고 얼마 지나지 않아 첫 번째 결과가 나왔다. 그래프를 그려 지도교수에게 가져갔더니 지도교수가 흡족한 듯 말했다.

"드디어 실질적인 진전을 이뤘군. 계속 그렇게 해."

그게 끝이었다.

박사과정 2년 차 때였다. 하루는 슈펫 교수가 내게 오더니 논문 한 편을 줬다.

"이 논문을 읽어보고 질문이 있으면 내 연구실로 와서 질문하세요."

논문은 내게 생소한 양성자의 새로운 구조에 관한 것이었다. 논문을 다 읽은 뒤 슈펫 교수의 연구실로 올라갔더니 한 달 후에 그 논문의 주제로 세미나를 하라는 것이었다. 그땐 몰랐다, 이 논문으로 세미나를 한 것이 박사후연구원이 된 뒤에 큰 도움이 되리라는 사실을. 한 달 동안 열심히 준비했는데도 난생처음 영어로 세미나 발표를 하는 것이라 무척 떨렸다. 슈펫 교수는 내게 우선 자기 앞에서 발표해 보라고 했다. 발표를 다 들은 뒤에 그는 몇 가지 조언을 해주었다.

"내가 네 나이 때는 너보다 영어를 더 못했어. 천천히 발표해도 되니까 너무 걱정하지 마. 그리고 세미나 발표를 할 때는 발표 자료만 보지 말고, 청중과 눈을 마주치며 하는 게 좋아. 발표할 때 서 있을 자리는 화면 옆에서 살짝 떨어져 있는 게 좋겠지?"

슈펫 교수 앞에서 예행연습을 한 것은 크게 도움이 되었지만 정작 세미나를 하는 날이 되자 여전히 떨렸다. 청중은 연구소에 있는 교수들과 연구원들, 학생들이었다. 워낙 큰 연구소라 세미나실은 사람들로 꽉 찼다. 발표 중간중간, 질문이 쏟아졌다. 어떻게 대답했는지도 모를 정도로 한 시간 반이 훌쩍 지났다. 준비한 걸 절반밖에 끝내지 못했는데 벌써 한 시간 삼십

분이 지나가 버린 것이었다. 나머지는 다음 주에 이어서 계속하기로 했다. 첫 세미나가 끝난 뒤에 사람들이 다 나가면서 날 쳐다보는 눈길이 부담스러웠다. 슈펫 교수는 내게 잘했다며 격려했지만 어디 내놓기에 참으로 부끄러운 발표였다.

두 번째 발표가 다가오자 슈펫 교수는 날 부르더니 자기 앞에서 나머지 부분을 다시 발표하라고 했다. 이번에도 슈펫 교수의 자상한 조언이 이어졌다. 두 번째 세미나 시간이 왔다. 이날은 묘하게도 마음이 안정되었고 사람들의 질문도 귀에 들어왔다. 대답도 그럭저럭 잘했다. 세미나가 끝나자 다른 그룹을 이끄는 교수 한 분이 내게 오더니 칭찬을 아끼지 않았다.

"지난주와 비교해서 100% 향상된 발표였어. 아주 잘했어."

좋은 연구자가 되려면 세 가지를 잘해야 한다. 우선은 계산을 잘해야 하고 다음은 논문을 잘 써야 한다. 마지막으로는 발표를 잘해야 한다. 이 세 가지는 연구자라면 반드시 갖춰야 할 기본적인 기술이다. 그다음으로 자기만의 아이디어를 구현해 낼 능력을 갖추면 뛰어난 학자가 되는 길로 들어서는 것이다. 슈펫 교수는 연구자로 반드시 갖춰야 할 자질 중 하나를 내게 가르쳐 준 것이었다.

＊

박사과정 2년 차 여름에 두르소 교수가 연구소에 다시 방문하였다. 그리고 미국 일리노이 대학에 있는 요헨 밤바흐라는 교수도 연구소에 왔다. 그는 내게 연구를 핵물질 내부로 확장하면 어떻겠느냐고 물었다. 무얼 원하는지 정확하게 알 수 없어 두르소 교수와 함께 토론했다. 그제야 내가 할 계산이 무엇인지 분명히 보였다. 밤바흐 교수는 지도교수인 홀린데 교수와는 완전히 딴판이었다. 그는 매일 아침, 내 연구실에 들러 물었다.

"새로운 소식 있어요? Any good news?"

처음으로 압박을 느꼈다. 다른 건 다 제쳐두고 계산에 매달렸다. 이미 한번 해봤던 계산이라 핵물질로 확장하는 건 어렵지 않았다. 일주일 남짓 지나 결과가 나왔다. 밤바흐 교수와 두르소 교수는 내가 얻은 결과를 한참 토론하더니 결과가 맞는 것 같다며 논문을 쓰자고 하셨다. 논문은 그 이듬해 초에 출판되었다. 내 인생의 첫 번째 논문이었다.

박사과정을 시작한 지 2년 4개월 만에 쓴 논문이었다. 홀로 서기 위해 치열하게 지낸 끝에 맺은 첫 결실이었다. 첫 논문을 출판하면 온갖 생각이 다 든다. 첫 논문이라 뛸 듯이 기쁘기도 하지만, 한편 출판된 논문에 행여 오류가 있진 않을지 걱정한다. 처음으로 내 이름이 들어간 논문을 출판했으나 기쁨은 오래가지 않았다. 연구소에 있는 독일 친구들은 석사 과정을 마치면서 이미 첫 논문을 출판했다. 박사과정에 있는 친구들은 쑥쑥 논문을 잘도 출판했다. 나는 이제야 겨우 첫 관문을 통과한 셈이었다.

홀린데 교수와 슈펫 교수로부터 배운 건 학자는 반드시 홀로 서야 한다는 점이었다. 박사과정 동안에 앞에서 말한 세 가지 기술을 연마하면서 혼자서 연구할 수 있는 능력을 기르도록 하는 것이 두 분의 목표였던 셈이었다. 첫 논문도 홀로 서기 위한 과정의 하나였다.

12. 반례가 되다
: 모두가 안 된다고만 했던

본 대학에서 박사학위를 하려면 부전공 시험을 봐야 했다. 이론물리학이 전공인 학생들은 대부분 수학을 부전공으로 선택했다. 더구나 본 대학의 수학과는 유럽에서 가장 잘 알려진 곳이기도 했다. 막스 플랑크 수학연구소가 있었고, 이름만 들어도 누군지 알 만한 유명한 수학자들이 많았다.

이미 시험을 치른 경험이 있는 학생들에게 어느 과목이 시험 보기에 좋냐고 물었더니 다들 하나같이 복소해석학 담당 교수님이 연세도 많으시고 늘 학생 편에서 생각하므로 무난히 시험을 치를 수 있을 거라고 말했다. 박사과정 중 알게 된 독일 친구 안드레아스의 의견은 달랐다.

"미분기하학은 어때? 본 대학에 이제 막 부임한 젊은 교수님이 맡으셨어. 열정도 넘치는 분이니 잘 배울 수 있을 거야."

미분기하학? 갑자기 관심이 쏠렸다. 복소해석학도 좋지만 그건 어느 정도 알고 있으니 미분기하학을 배워두면 앞으로 두고두고 좋을 것 같았다. 일반상대성이론을 깊이 이해하려면 미분기하학은 반드시 알아야 할 수학이었으니 마음이 점점 미분기하학 쪽으로 기울어졌다.

내가 시험관으로 정한 베르너 발만 교수는 책 두 권을 권해주었다. 한 권은 배럿 오닐 Barrett O'Neill 이라는 수학자의 《기초 미분기하학》*이었고, 다른 한 권은 같은 저자가 쓴 《유사 리만 기하학》*이라는 제목조차도 익숙하지 않은 책이었다. 책을 내밀며 발만 교수가 말했다.

"이 두 책을 공부한 다음, 일 년 후에 내게 와서 구두시험을 보세요."

첫 번째 책은 혼자서 공부하면 될 것 같았지만 두 번째 책

※ Barrett O'Neill, 《Elementary Differential Geometry》 (Academic Press, 1966)
※ Barrett O'Neill, 《Semi-Riemannian Geometry with Applications to Relativity》 (Academic Press, 1983)

《유사 리만 기하학》은 무슨 암호문 같았다. 미분기하학을 선택한 게 잘한 일일까, 의문이 들었다.

몇 번의 힘든 고비가 있었지만 연구에도 진척이 있었다. 본격적으로 수치 계산을 시작했다. 중앙 컴퓨터 센터에 있는 슈퍼컴퓨터까지 이용했지만 그 당시로는 워낙 방대한 계산이라 한 번 계산하는 데에만 두 시간이 넘게 걸렸다. 수치 계산 결과를 모두 얻기까지 삼 개월이 넘게 걸렸다. 지도교수에게 계산 결과를 보여주자 이제 학위 논문을 써도 된다고 말했다. 결과를 다 얻었으니 드디어 학위 논문을 써야 할 시점이 되었다. 1992년 12월부터 논문을 쓰기 시작했다. 그러나 동시에 수치 계산도 계속해야 했다. 시간이 빠듯했지만, 무슨 수를 써서라도 반드시 3년 안에 박사과정을 마치겠다고 결심했다.

시간이 부족하다면 없는 시간을 찾아서라도 메꿔야 했다. 그래서 하루를 이틀처럼 쪼개기로 했다. 아침 열 시에 출근해서 저녁 여섯 시까지 논문을 썼다. 저녁 식사를 한 뒤, 밤 여덟 시에 다시 연구소에 출근했다. 밤에는 컴퓨터를 쓰는 사람이 적어 계산 결과를 기다리는 시간을 아낄 수 있었다. 새벽 다섯 시까지 작업한 뒤에야 퇴근했다. 위도가 높은 독일의 겨울은 밤이 길었다. 새벽 퇴근길은 어둠이 짙게 깔려 있었다. 차를 몰고 정문을 나서면 아침으로 풀을 뜯어 먹으러 나온 토끼들이 길 양옆으로 줄지어 있었다. 전조등에 비친 토끼들의 눈이 보석처럼 반짝였다. 놀란 녀석들은 달아나며 내가 앞지를 즈음 숲속으로 자취를 감췄다. 이듬해 4월 초까지 아침마다 토끼들의 배웅을 받으며 집으로 향했다.

*

논문 초고를 지도교수에게 보여줬다. 큰 기대를 하지 않았는데 홀린데 교수는 정말이지 꼼꼼히 논문을 봐줬다. 서론부터 결론까지 한 줄 한 줄 짚어가며 내게 질문하고, 논문에 빨간 줄을 그었다. 지도교수의 조언을 들으며 좋은 논문이란 어떻게 써야 하는 것인지 배웠다. 논문 지도를 다 마치고 나서 지도교수가 말했다.

"네가 뭘 알긴 아는데, 영어가 짧구나. 논문 수정본을 제출한 다음에 박사학위 시험을 신청해."

처음으로 지도교수에게 인정받는 순간이었다. 지도교수에게 조심스럽게 물었다.

"박사학위 시험은 어떻게 준비하면 될까요?"

"따로 준비할 필요가 있을까? 심사위원들은 네가 3년 동안 애쓴 걸 알 거야."

1993년 4월 28일, 드디어 박사학위 최종 시험이 있었다. 수학 시험은 이틀 전에 치를 예정이었지만 행정 착오 때문에 같은 날 전공과 부전공 시험 일정이 함께 잡혔다. 독일 친구들은 한 날에 시험 두 개를 보는 건 미친 짓이라며 말렸다.

"네가 무슨 철인도 아니고 그 중요한 시험 두 개를 하루에 다 본다고?"

나는 자신 있게 할 수 있다고 대답했지만, 독일 친구들이 걱정했던 대로 그것은 엄청난 실수였다.

본은 율리히에서 동남쪽으로 70킬로미터 남짓 떨어져 있었다. 본 대학 본부 건물은 원래 쿠르퓌르스틀리헤스 Kurfürstliches 라는 이름의 성이었다. 성은 진노랑 색깔의 긴 건물이었고 성 앞에는 잔디 공원이 펼쳐져 있었다. 잔디밭 위에는 책을 읽거나 일광욕을 즐기는 학생들이 드문드문 보였다. 오늘이 지나면 드디어 독일로 온 목적을 이룬다고 생각하자 햇볕이 더욱 따사롭게 느껴졌다.

독일에서는 박사학위 논문 심사가 아니라 시험이라고 부른다. 박사학위 논문에도 점수를 매긴다는 뜻이다. 시험을 치를 장소는 작은 교실이었다. 교실 앞에는 칠판이 걸려 있고 그 앞에 놓인 책상에는 백지가 수북이 쌓여 있었다. 그곳에서 논문 심사를 할 교수들을 기다렸다. 아직 수학 시험이 남아 있긴 했지만, 내가 치러야 할 마지막 시험이었다. 그래서였을까, 혈관 속 핏방울이 전속력으로 질주하는 듯 심장박동이 빨라졌다.

네 명의 교수가 교실로 들어왔다. 세 명의 핵물리학 이론 교수와 한 명의 실험 전공 교수였다. 그중 두 사람은 슈펫 교수와 홀린데 교수였다. 첫 질문은 내가 박사과정 동안 연구한 내용에 관한 것이라 쉽게 넘어갔다. 질문의 난도는 점점 높아졌고, 어느 순간부터는 내가 연구한 주제를 넘어섰다. 실험 전공 교수는 실험에 관해 질문했다. 이론을 전공한 교수 한 사람은 양자색역학 연구를 하는 사람이었다. 아니나 다를까, 심사가 거의 끝나갈 무렵 양자색역학에 관한 질문이 나왔다. 석사 과정 때 잠깐 배운 적은 있던 내용이었다. 쉽지 않은 질문이었지만, 정성껏 대답했다. 질문은 쉼 없이 꼬박 한 시간 동안 이어졌다. 드디어 시험이 끝났다. 나는 교실 밖에 나가 잠깐 기다렸다. 10분쯤 지났을까, 드디어 문이 열리고 슈펫 교수가 내게 오더니 이렇게 말했다.

"김 박사님, 박사학위 시험에 통과한 것을 축하합니다."

점수는 매우 좋음 Sehr Gut 이었다. '김 박사'라는 호칭을 들었지만, 얼떨떨했다. 기뻐하기는 아직 일렀다. 한 시간 뒤에 치를 수학 시험이 남아 있었다.

*

수학 시험을 보려면, 물리학연구소에서 막스 플랑크 수학 연구소까지 20분 정도 걸어가야 했다. 가는 도중에 벤치에 앉아 쉬었다. 박사학위 시험에 온 힘을 기울여 집중했기 때문인지, 온몸에서 피가 다 빠져나간 듯 피곤이 엄습해 왔다. 역시 독일 친구들 말이 옳았다. 하루에 시험 두 개를 한꺼번에 치르는 것은 미친 짓이었다.

수학 시험은 발만 교수 연구실에서 보기로 되어 있었다. 문을 열고 연구실로 들어갔다. 책상 위에는 이미 백지 수십 장이 가지런히 정리된 채 놓여 있었다. 발만 교수와 짧게 인사를 나눈 뒤, 책상 앞 의자에 앉았다. 맞은 편에는 발만 교수와 질문과 대답을 기록할 박사 한 분이 자리를 잡고 앉았다. 난생처음 치르는 수학 구두시험이었다. 발만 교수가 질문하면 나는 백지에 식을 써가며 답을 설명해야 했다. 처음 몇 가지 질문에는 대답을 잘했다. 그리고 곧 문제가 터졌다. 리만 다양체 위에서 측지적 곡률 geodesic curvature 을 구하라는 질문을 받는 순간, 알고 있던 모든 게 지워지며 머릿속이 하얗게 되었다. 이 문제는 꿈속에서도 풀어 본 적이 있었다. 그런데도 답은 혀끝에서만 맴돌 뿐, 마치 성대가 서로 달라붙은 듯 아무 말도 나오지 않았다. 그 순간 공황 속에 빠져들었다. 그때부터 발만 교수가 질문하는 내용이 귀에 들어오지 않았다. 정신이 아득해졌다. 시험이 끝난 뒤 발만 교수는 "네가 받을 점수는 2점, 그러니까 좋음Gut"이라고 말했다.

두 번에 걸친 시험으로 완전히 지친 채 수학연구소에서 나왔다. 운전해서 율리히로 돌아가려면 좀 쉬어야 할 것 같아 수학연구소 앞 벤치에 앉았다. 이윽고 절망감이 휘감아 왔다. 일 년 내내 따로 시간을 내 노트 정리를 해가며 《기초 미분기하학》 책에 나오는 문제를 거의 다 풀어봤다. 그 어려운 《유사 리만 기하학》 책도 삼 분의 일 넘게 공부했지만 그만 시험을 망친 것이었다. 가장 기뻐해야 할 박사과정의 마지막 순간에 오히려 절망했다. 운이 나빴던 것이 아니었다.

지난 1년 동안 공부하면서 무엇을 놓쳤는지 되짚어 보았다. 한국에서 공부하듯이 교과서의 내용을 이해하고 연습 문제를 푸는 것만이 능사가 아니었다. 독일 구두시험에서 좋은 점수를 받으려면 어떻게 해야 하는지 감이 왔다. 머릿속에 책

한 권이 들어가 있을 정도로 완벽하게 이해하고 문제도 반복해서 풀어 자기 것으로 만들지 않는 한, 독일 방식의 구두시험에서 좋은 점수를 받을 수 없었다. 요행도 통하지 않고 변명도 통하지 않는 훌륭한 시험 제도였다. 만약에 한 번 더 기회가 주어진다면 제대로 공부해서 수학 시험을 다시 치르고 싶었다. 그러나 시험은 이미 끝난 뒤였다. 2점, 마음은 아팠지만 그것이 내 점수였다.

*

전공 시험과 수학 시험을 모두 마친 1993년 4월 28일, 박사학위를 받았다. 학위증이 나오려면 몇 주 더 기다려야 하지만 공식적으로 모든 게 끝났다. 1990년 5월 1일에 독일에 도착했다. 그리고 1993년 4월 28일에 박사학위를 마쳤다. 정확히 2년 363일이 걸렸다. 수학 시험을 망친 것은 오랫동안 마음의 상처로 남았지만 어렵더라도 미분기하학을 선택한 건 훌륭한 결정이었다. 훗날 교수가 된 뒤에 일반상대성이론과 양자장론을 연결 짓는 연구에 바로 뛰어들 수 있었던 것은 내가 미분기하학의 중요한 내용들을 이미 알고 있어서였다.

서두르느라 좋은 점수를 받지 못했지만 박사학위를 3년 만에 끝낸 것은 의미가 있었다. 독일에 온 지 얼마 되지 않았을 때 한 유학생과 이야기를 나눌 기회가 있었다. 대화를 나누다가 내가 있는 연구소에서는 박사과정을 3년 만에 끝내야 한다고 말했다. 그러자 그분이 이렇게 핀잔을 주는 것이었다.

"독일에서 박사과정을 3년 만에 해요? 어림없는 소리예요. 10년이 지나도 박사학위를 못 받은 사람이 수두룩해요."

나도 경험했던 것이지만 독일에서는 지도교수가 자세히 가르쳐 주지 않아 대부분 학생 혼자서 연구하거나 연구원의 도움을 받아서 했다. 자기관리를 등한히 하거나 어려운 문제에 봉착하면 3년을 훌쩍 넘기는 건 예사였다. 독일 제도에 익숙하지 않은 외국 학생의 경우에는 더 힘들다. 그러나 굳게 마음 먹는다면 끝내지 못할 것도 없다.

힘든 목표를 향해 나아가고 있을 때 부정적인 조언은 무시하는 편이 좋다. 결국 박사과정을 3년이 채 걸리지 않아 끝냈으니 박사학위를 3년 만에 받을 수 없다는 말이 틀렸음을 증명한 셈이었다. 수학에서는 어떤 정리에 반례가 있으면 그 정리는 틀린 것으로 판명된다. 나보다 더 훌륭한 성적으로 더 빨리 독일에서 박사학위를 받은 제자가 있었다. 반례가 여럿이니 독일에서 박사과정을 3년 만에 끝낼 수 없다는 말은 틀렸다.

13. 과학하는 태도
: 클라우스와 막심과의 인연

누구를 만나느냐에 따라 인생의 경로가 달라진다. 지도교수를 잘못 만나 학문을 포기하는 사람도 있고 훌륭한 선생을 만나 숨은 잠재력을 꽃피우는 사람도 있다. 뛰어난 학자 뒤에는 대체로 훌륭한 선생이 있었다. 19세기 중반, 오스트리아 물리학자 요제프 슈테판Josef Stefan은 비엔나 대학 물리연구소 소장이었다. 어느 날 한 학생이 그에게 배우겠다고 찾아왔다. 그의 이름은 루드비히 볼츠만Ludwig Boltzmann이었다. 볼츠만은 남들보다 지나치게 일찍 원자의 존재를 예견하는 바람에 동시대 물리학자들의 거센 비판을 받아야 했고 결국 비극적으로 생을 마친 물리학자였지만 오늘날 통계물리학의 기초를 세운 사람이었다. 슈테판은 볼츠만의 능력을 알아봤다. 그는 그 당시에 새롭게 나온 맥스웰의 전자기학 이론 논문을 볼츠만에게 주며 영어 문법책도 함께 줬다. 볼츠만은 영어를 못했다. 볼츠만은 지도교수에게서 영어 문법책을 받았던 게 무척 인상 깊었던지 슈테판이 세상을 떠났을 때 그를 추모하며 쓴 글에서 이렇게 말했다.

"내가 슈테판과 관계를 깊이 이어가던 때 나는 아직 대학생이었다. 그가 가장 먼저 한 일은 내게 맥스웰의 논문 사본을 건네준 것이었다. 그런데 나는 그때 영어를 한마디도 이해하지 못했기 때문에 슈테판은 영어 문법책도 함께 주었다."

볼츠만이 뛰어난 물리학자가 될 수 있었던 배경에는 슈테판이라는 물리학자가 있었다. 볼츠만은 다시 파울 에렌페스트라는 훌륭한 제자를 키웠고, 에렌페스트는 20세기 네덜란드의 이론물리학이 우뚝 서는 데 공헌할 물리학자 여러 명을 가르쳤다.

박사학위를 받은 뒤, 보훔 대학 제2이론물리학연구소의 연구원으로 일하면서 나는 또 한번의 전환점을 맞이했다. 이곳에서 만난 사람들은 내 인생의 선생이라고 부를 만한 이들이었다. 1962년에 세워진 보훔 대학 캠퍼스는 그 당시 유행을 따라 지어진 건물이었다. 콘크리트로 지어진 캠퍼스의 거대한 건물들은 서로 연결되어 있었다. 멀리서 보면 대학 전체가 거대한 전함을 떠올릴 만큼 위엄이 넘쳤다. 고성을 중심으로 대학 건물들이 여기저기 흩어져 있는 본 대학과는 영 딴판이었다. 물리학과는 큰 건물 하나를 모두 쓰고 있었다. 제2이론물리학연구소는 6층 남쪽 윙에 자리 잡고 있었다.

연구소 소장은 클라우스 괴케 교수였다. 턱수염을 기른 그의 모습은 마음씨 좋은 동네 아저씨 같았다. 그는 잘 웃었고 복도를 걸을 때마다 휘파람으로 바흐의 피아노곡을 연주하곤 했다. 그는 사람들이 함께 일할 수 있는 분위기를 만들 줄 아는 사람이었다. 아침 열 시에는 연구소 사람들이 함께 모여 커피를 마시는 카페 룬데 Kaffee Runde 라고 부르는 시간이 있었다. 누군가 자기 생일이라고 케이크를 가져오면, 어김없이 "뿌우우우!" 하는 나팔 소리가 연구소 복도에 울려 퍼졌다. 케이크가 있는 날에는 더 많은 사람이 모였다. 클라우스는 카페 룬데 시간에 사람들이 하는 이야기에 귀를 기울이고 한 번씩 껄껄거리며 웃었다. 그는 사람들의 말을 잘 들어주고 어떻게 하면 사람들을 잘 격려할 수 있는지 아는 리더였다. 그는 러시아와 폴란드의 뛰어난 학자들을 초대해서 연구에만 집중할 수 있도록 도와줬다. 클라우스는 첫 만남 이후로 세상을 떠날 때까지 내게 친구이자 스승이자 아버지 같은 분이었다.

처음 만난 날, 클라우스는 활짝 웃으며 반갑게 날 맞이했다. 그는 "연구소로 오기 전에 아무런 도움 없이 스스로 살 집부터 구한 사람은 네가 처음이야. 비서가 놀라더군"이라고 말하더니 소리 내어 웃었다. 이어서 연구소에서 무슨 연구를 하는지 소개해 줬다. 크게 두 가지 주제를 연구한다고 했다. 하나는 실험으로 확인할 수 없을 만큼 높은 에너지에서 중입자가 렙톤으로 변하는 과정을 설명하는 스팔레론sphaleron이었고, 다른 하나는 핵자와 중입자의 구조 연구라고 했다. 둘 중 하나를 선택해서 내가 하고 싶은 연구를 하면 된다고 했다. 클라우스의 설명을 들으며 문득 박사과정을 시작할 때 지도교수가 칠판에 그린 그림이 생각났다. 그땐 당황했으나 지금은 담담했다. 클라우스의 연구실에서 나와 같은 건물 2층에 있는 물리학과 도서관에 가서 두 연구를 설명하는 논문 몇 편을 복사했다. 내 연구실로 돌아와 논문을 읽기 시작했다.

스팔레론은 참신한 아이디어였지만 이론에 치우친 연구였다. 반면에 핵자의 구조 연구는 실험과 밀접하게 관련이 있었다. 석사과정 때 스컴 모형을 이용해 양성자의 구조 연구를 해

본 적이 있었고 박사과정 때는 핵자의 상호작용을 연구했던 터라 핵자의 구조 연구에 마음이 끌렸다. 박사과정 때 계산한 이론값을 실험값에 맞추려고 갖은 애를 썼던 경험 때문인지 실험과 동떨어진 물리학에는 그다지 관심이 가지 않았다. 그래서 보훔에 있는 동안 핵자의 구조 연구에 집중하기로 했다.

며칠 후 클라우스에게 가서 이곳에 있는 동안 핵자와 중입자의 구조를 연구하겠다고 말했다. 그는 흔쾌히 그러라고 대답했다. 비로소 내가 컸음을 실감했다. 지도교수였던 홀린데 교수가 떠올랐다. 겉으로 보기에는 냉담했지만 그는 이론물리학 분야에서 살아남으려면 어떻게 해야 하는지 내게 가르쳐 준 것이었다. 누구의 도움도 받지 않고 혼자서 원하는 연구를 할 수 있는 능력은 박사가 되기 위해서는 반드시 갖춰야 했다. 그제야 지도교수에게 고마운 마음이 일었다. 그날부터 무얼 연구할 수 있을지 고민하기 시작했다.

∗

연구소에 도착한 지 얼마 지나지 않았을 때 러시아에서 두 명의 젊은 물리학자가 왔다. 1993년은 냉전이 끝나고 소련이 해체된 직후라 러시아는 엄청난 인플레이션에 시달리고 있었다. 상트페테르부르크에 있는 어느 물리학자의 말마따나 겨울에 땔감이 부족해 의자를 부숴서 난로에 넣어야 할 만큼 러시아는 경제적으로 어려웠다. 삶이 궁핍해진 러시아의 유명한 물리학자들은 유럽과 미국으로 대거 빠져나갔다. 두 친구 파블 포빌릿차와 막심 폴야코프도 경제적으로 힘든 러시아에서는 연구하기가 여의찮아 클라우스의 초대를 받아 보훔으로 왔다. 두 사람은 러시아에서 가장 유명한 란다우 학파 출신이었다. 두 사람의 지도교수인 드미트리 디아코노프는 알렉세이 안셀름에게, 안셀름은 러시아 물리학의 신이라고 불리는 바로 그 레프 란다우에게 물리학을 배웠다. 그러므로 파블과 막심에게 란다우는 학문의 증조부였던 셈이다.

디아코노프는 내게 이런 말을 한 적이 있다.

"나보다 똑똑하지 않으면 제자로 받지 않아. 이론물리학은 아무나 하는 게 아니거든."

디아코노프는 양자색역학 연구로 이름을 널리 알린 이론 입자물리학자였다. 란다우 학파의 전통을 이어받은 학자답게 이론에 정통하면서 동시에 현상도 깊이 이해하고 있었다. 그런 디아코노프가 인정한 두 사람은 정말 뛰어났다. 파샤(파블의 애칭)는 초등학교 때 혼자서 미적분학을 깨우쳤고 수학에 관해서는 모르는 데 없었다. 막심처럼 똑똑한 사람조차도 파샤 앞에서는 주눅이 들었다고 했다.

막심은 또 달랐다. 한 번씩 그에게 질문하면 종이를 꺼내 식을 거침없이 적어나갔다. 중간 과정도 없이 결론에 이르는 그의 모습을 보고 있으면 마치 화폭에 스케치도 없이 명작을 그려가는 예술가 같았다. 파샤는 나와 동갑이었고 막심은 나보다 세 살 어렸지만 두 사람은 나와 비교가 안 될 만큼 뛰어났다. 처음으로 나를 훌쩍 뛰어넘는 동년배가 있다는 사실에 충격을 받았다. 자신감이 곤두박질쳤지만, 한편은 크게 자극도 받았다. 보홈에 와서야 비로소 이론물리학이란 무엇인지 깨우칠 기회를 얻은 것이다.

2주 정도 고민하며 마음을 정리했다. 지금 내게 필요한 건 나 자신을 누구와 비교하는 게 아니라 나보다 뛰어난 이들을 선생으로 삼는 자세였다. 그들에게는 내가 배워야 할 점이 넘쳐났다. 이때의 경험은 두고두고 큰 교훈을 줬다. 두 사람 때문에 자신감을 잃을 필요도 자존감이 낮아질 이유도 없었다. 그렇게 마음을 먹자, 파샤도 막심도 편하게 느껴졌다. 천재로서 자의식이 아주 강했던 파샤는 한 번씩 그렇게 쉬운 걸 모르냐고 타박하기도 했지만 그럴 때마다 나는 이렇게 말했다.

"너야 똑똑하니까 어릴 때 다 배웠겠지만 난 네가 아니잖아? 그러니까 타박은 그만하고 가르쳐 주기나 해."

막심은 파샤에 견줄 만큼 똑똑하기도 했지만 직관력이 남달랐다. 내가 물리학을 하면서 가장 도움을 많이 받은 사람은 막심이었다. 시간이 가면서 두 사람은 내 선생이 되었지만 동시에 좋은 친구가 되었다. 그렇게 나는 두 사람의 러시아 친구를 얻었다. 막심과 나는 함께 연구하고 삶을 나누며 깊은 우정을 나누는 사이로 발전했다. 세월이 지난 뒤 막심은 내게 은으로 만든 작은 십자가를 주며 이렇게 말했다.

"러시아에서 누군가에게 십자가를 준다는 것은 그가 내 형제처럼 소중한 존재라는 뜻이야."

막심은 절친한 친구를 넘어 내게 형제가 되었다. 훗날 내가 가르쳤던 학생 세 명을 막심에게 보내 박사과정을 밟게 했던 것도 그라면 옛 제자들을 잘 가르칠 거라는 확신이 있어서였다.

∗

박사과정 때와는 달리 이번에는 연구 주제를 스스로 찾았다. 핵자의 전자기 형태 인자라는 척도가 있다. 이 척도는 핵자 내부에 존재하는 쿼크들의 전하가 어떻게 분포되어 있는지 보여준다. 양성자의 경우에는 실험값이 넘치도록 많았지만 중성자의 전기 형태 인자는 여전히 답보 상태였다. 중성자는 원자핵 바깥에 놓아두면 15분가량 지나 양성자와 전자, 전자 중성미자로 붕괴한다. 이 때문에 실험에서는 중양자를 과녁으로 삼아 전자와 충돌시켜 전자기 형태 인자를 측정하게 된다. 측정 과정의 오차도 크고 그 측정도 양성자보다 훨씬 까다롭다.

몇 년 후, 이탈리아 엘바섬에서 열린 워크숍에 참석할 기회가 있었다. 거기서 마인츠에서 온 실험물리학자가 중성자의 전기 형태 인자를 측정한 결과를 발표했다. 그런데 측정한 값이 두 개밖에 없는 것이었다. 그래서 발표가 다 끝난 뒤에 쉬는 시간에 그에게 가서 물었다.

"질문이 있는데, 이왕이면 중성자의 전기 형태 인자 측정값을 좀 많이 얻지 왜 달랑 두 개만 얻었어요?"

그러자 그는 그런 질문을 하다니 믿을 수 없다는 표정을 지으며 한참 동안 날 보더니 이렇게 말했다.

"이 두 값을 얻는 데 얼마나 걸린 줄 알아요? 삼 년이에요, 삼 년!"

중성자의 전자기 형태인자를 측정하는 건 어려웠지만 이론적으로 계산하는 데는 문제가 없었다. 보훔에 와서 할 첫 번째 연구로 중입자의 전자기 형태인자를 선택했다. 계산에 필요한 이론을 익히는 데 걸리는 시간은 박사과정 때와 비교가 되지 않을 만큼 빨라졌다. 이론 계산을 끝낸 뒤 프로그램을 만들기 시작했다. 원래 있던 코드를 활용하는 일이라 그다지 어렵지 않았다. 박사과정 때 주로 한 일이 프로그램을 만드는 것이었으니 코드를 짜는 일만큼은 자신이 있었다.

이따금 막심과 토론하기도 하고 기술적으로 난해한 부분은 파샤와 이야기하면서 문제를 해결해 갔다. 계산부터 결과가 나올 때까지 10개월 정도 걸렸다. 이젠 논문을 쓰는 일이 남았다. 저널에 투고하기 위해 처음으로 직접 논문을 썼다. 그러려면 배경지식이 필요했다. 박사학위 논문을 쓰면서 충분히 경험한 터라 오래전 논문부터 최근 논문까지 살펴보며 논문의 서론을 마쳤다. 대부분 논문을 쓸 때는 이론 부분을 먼저 쓰고 그다음에 결과와 토론 부분을 작성한 다음, 맨 마지막에 서론을 쓰지만 나는 논문을 순서대로 써나가는 게 더 편했다. 서론을 가장 먼저 쓰면 배경지식도 우선 알아야 하므로 이야기를 전개하기가 훨씬 수월했다.

✳

　저널에 출판할 논문이라면 읽는 이들에게 꼭 전해야 할 메시지 하나를 담아내는 게 중요하다. 그러므로 두서없이 이야기를 전개해 나가서는 안 되고 전해야 할 메시지에 집중해야 한다. 서론에서는 그 메시지의 중요성을 드러내야 하고 본문에서는 내가 주장하는 바를 설득력 있게 논리적으로 꼼꼼히 펴 나가야 한다. 논문을 쓰면서 홀린데 교수로부터 학위 논문 지도를 받으며 알게 모르게 논리를 정교하게 펼쳐 나가는 훈련을 받았다는 사실을 새삼 깨달았다. 지도교수가 내게 전해 준 건 이론물리학자로 반드시 갖춰야 할 독립성과 논문을 논리정연하게 쓰는 법이었다. 그것은 단순히 물리학의 지식을 전해주는 것보다 훨씬 중요했다.

　논문 초고를 완성한 다음에는 클라우스와 토론했다. 연구소 소장이었던 그는 늘 바빴다. 내가 쓴 논문 초고를 읽을 시간을 내기가 힘들 정도였다. 아침마다 클라우스에게 가서 "논문은 다 읽었어?"라고 물었다. 그럴 때마다 클라우스는 미안하다는 듯 멋쩍게 웃으며 시간을 더 달라고 했다.

　"연구소에서 네가 쓴 첫 논문이니까 빨리 출판하고 싶지? 조금만 더 기다려 줘. 자세히 읽고 내 의견을 말할게."

논문 초고를 마친 지 한 달 남짓 지나 클라우스의 의견을 담아 최종본을 완성했다. 박사과정 때 출판한 논문은 함께 일했던 교수들이 썼다. 그러나 이번 논문은 연구 주제를 정하는 것부터 계산과 논문 작성까지 오롯이 혼자 힘으로 해낸 결과였다. 직접 쓴 첫 논문이 출판된 뒤로는 연구를 진행하는 속도가 무척 빨라졌고 출판한 논문 수도 금방 늘어났다.

대체로 박사후연구원은 2년이나 3년 정도 한 연구소에서 연구하면 다른 곳으로 옮겨 박사후연구원을 계속하거나 교수직을 찾는 게 보통이었다. 연구소에서 지낸 지 2년 정도 지났을 즈음, 미국이나 독일에 있는 다른 대학으로 자리를 옮길 때가 되었다고 여겼다. 그러던 어느 날 클라우스가 내 연구실에 와 말을 걸었다.

"현철, 너만 괜찮다면 연구소에서 계속 머물면서 함께 연구했으면 해. 난 네가 마음에 들어."

그 말에 깊이 생각할 것도 없이 그러겠다고 대답했다. 이곳에 계속 있으면 클라우스와 함께 지낼 수 있고 러시아 친구들과 토론을 이어 나갈 수 있다는 사실이 더할 나위 없이 좋았다. 게다가 독일에서 태어난 두 딸을 위해서도 한곳에 계속 있는 게 좀 더 안정적일 것 같았다. 뒤돌아보면 이때 내린 결정은 참으로 훌륭했다. 이곳에 계속 머물면서 막심과 우정을 쌓아갔고 클라우스와 지내며 인생의 롤 모델을 찾았다.

클라우스는 뛰어난 이론물리학자이기도 했지만 훌륭한 인격을 지닌 사람이었다. 그에겐 자석처럼 사람을 끌어당기는 매력이 있었다. 그는 연구소를 방문한 학자들을 집으로 초대하곤 했다. 나도 자주 초대 받아 러시아나 폴란드에서 온 손님들과 함께 클라우스 부인이 정성스럽게 준비한 저녁 식사를 하며 이야기를 나눴다. 대화 주제는 물리학뿐만 아니라 음악, 역사, 정치를 넘나들었다. 클라우스는 늘 사람들의 말에 집중했다. 사람들은 자기 이야기를 잘 들어주는 사람을 좋아한다. 클라우스가 그런 사람이었다. 음악 시디CD가 새로 나오면 신문에 평을 쓸 만큼 고전음악에 조예가 깊었던 클라우스는 날 데리고 음악회에 가기도 했고 선물로 시디를 선물하기도 했다. 아르헨티나 탱고 작곡가 아스토르 피아졸라를 알게 된 것도 클라우스 덕이었다. 물리학을 함께한다는 것은 그저 연구에 한정되는 의미가 아니었다. 그것은 인격과 인격이 만나는 전인격적인 과정이었다. 그의 너른 마음과 사람들에 대한 애정, 정말이지 그를 닮고 싶었다.

막심은 내게 우정과 형제애를, 그리고 이론물리학을 어떤 마음으로 해야 하는지 가르쳐 주었다. 한국에서 교수가 된 뒤로도 방학 때마다 보훔에 방문한 건 클라우스와 막심과 함께 연구하고 싶어서이기도 했지만 두 사람과 함께하는 시간이 좋아서기도 했다. 무엇보다 막심은 여전히 내 선생이기도 했다. 아이디어가 떠오를 때마다 그게 올바른 것인지 막심과 토론하다 보면 가야 할 길이 보였다. 막심은 한국을 좋아했다. 한국 사람들 정서와 시베리아인의 정서가 비슷하다며 한국에 오면 시베리아의 바이칼 근처 자기 고향 사람들이 떠오른다고 했다.

물리도 중요하고 연구도 중요하지만, 인생에서 어떤 사람을 만나느냐가 훨씬 중요하다. 보훔에서 머물면서 얻은 가장 소중한 것은 출판한 논문이 아니라 클라우스와 막심을 알게 된 일이다. 두 사람은 내게 영원히 잊지 못할, 가장 귀한 인연이었다. 함께 정을 나누며 오래도록 지낼 수 있었다면 얼마나 좋았을까. 지금은 두 사람 모두 이 세상에 없지만, 그들이 내게 남긴 정신은 깊은 그리움과 함께 여전히 살아 있다. 연구할 때도 제자를 가르칠 때도 그들의 모습이 나를 이끌어 준다.

14. 범재가 천재를 만났을 때

: 우리는 우리가 할 수 있는 일을

하루는 연구소에서 돌아와 저녁 식사를 하는데 아내가 이런 말을 했다.

"사람들이 그러는데 당신이 서울대를 나왔다고 생각했대. 박사학위를 3년 만에 받고 연구원으로 보훔에 와서 으레 그런 줄 알았대."

아내의 말을 듣자 신동엽 시인의 일갈이 떠올랐다.

"알맹이는 남고 껍데기는 가라!"

옛 기억이 주마등처럼 지나갔다. 그리고 문득 깨달았다, 학벌은 신동엽 시인이 말했던 그 껍데기와 같은 것임을. 껍데기에 집중하면 알맹이를 잃는다. 내게 오는 사람을 오직 학벌이라는 잣대로 가르면 그의 본모습을 못 본다. 내 속에도 알게 모르게 스며든 학벌주의가 있었다. 그러니 남을 탓할 일이 아니었다. 나도 마찬가지로 사람을 대하면서 은연중에 학벌을 따지고 있었다.

학벌주의에서 벗어나는 것, 그게 어디 쉬운 일일까. 역사가 시작하면서부터 신분제는 존재해 왔다. 성골, 진골, 육두품을 따지는 신라의 골품제부터 호족, 문벌, 권문세족을 따지던 고려, 문무 양반이 아니면 인간으로 대접하지 않던 조선과 비교해 학벌과 돈으로 사람을 나누는 오늘날이 크게 다르지 않다. 민주주의와 공화주의라는 말을 입에 올리지만, 그것은 겉치레일 뿐이고 실상은 여전히 신분이 우리 마음을 지배해 왔다. 게다가 학벌주의는 필연적으로 열등감과 교만을 낳는다.

※

제2이론물리학연구소에 온 지 1년 남짓 지났을 때 일본에서 박사학위를 마친 새로운 연구원이 연구소에 왔다. 그의 이름은 테루아키였다. 나와는 달리 이미 보훔에서 연구하고 있는 이론으로 박사학위를 받은 친구라 내가 공부하는 내용을 샅샅이 알고 있었다. 테루아키는 박사과정 때 한 연구를 이어서 하는 것이라 바로 계산을 시작했다. 더구나 계산을 무척 치밀하게 하는 친구라 배울 점이 많았다. 말수는 적었지만 함께 일할 동료이기에 친하게 지내려고 애썼다. 함께 논문도 몇 편 출판했다.

1995년 봄, 미국 뉴멕시코에 있는 산타페에서 '제7차 바리온 국제학술회의'가 열렸다. 그곳은 미국에서도 워낙 유명한 관광지라 숙박비가 비쌌다. 어느 날 클라우스는 날 부르더니 테루아키와 함께 바리온 학술회의에 다녀오라고 말했다. 그러더니 내게 조심스럽게 물었다.

"그런데 숙박비가 워낙 비싸니 테루아키와 같은 방에서 지냈으면 하는데 괜찮겠어? 물론, 너는 한국 사람이고 테루아키는 일본 사람이니까 서로 앙숙이라는 건 잘 알아. 그래도 이참에 한 방에 머물면서 친하게 지내봐."

그렇게 테루아키와 함께 산타페로 갔다.

내겐 첫 국제학술회의라 흥분도 되고 기대도 되었다. 산타페에서 일주일을 머물며 테루아키와 제법 친해졌다. 학회가 끝나기 이틀 전이었을 것이다. 저녁을 먹고 호텔 객실로 돌아와서 테루아키와 이런저런 이야기를 나눴다. 그런데 테루아키가 이렇게 말하는 것이었다.

"내가 박사과정 때 참 힘들게 익힌 걸 넌 아주 손쉽게 익히는 것 같아 네게 라이벌 의식을 느꼈어. 그게 내겐 참 괴로운 일이었어."

그러더니 테루아키는 옛날이야기를 꺼냈다. 그는 학벌 때문에 생긴 열등감이 있다고 고백했다. 그의 말을 들으며 박사 과정 때 얼마나 애썼을까 상상이 갔다. 테루아키는 열등감 때문에 무척 힘들었다고 이야기하더니 갑자기 눈물을 흘렸다. 안타까웠다.

'아, 일본에도 학벌 때문에 힘들어하는 사람이 있구나.'

게다가 오랜 시간 동안 한 사람의 마음을 고통 속에 몰아넣을 만큼 열등감은 무서운 데가 있었다. 테루아키가 이야기를 끝낼 때까지 잠자코 들었다. 이야기를 다 들은 뒤 내가 말했다.

"지금 연구하고 있는 이론에 관해서는 내가 너보다 낫다고 여긴 적이 없었어. 치밀하게 계산하는 모습을 보며 오히려 네게서 배울 게 참 많다고 생각했지. 라이벌 의식 같은 것, 가질 필요가 뭐가 있어. 함께 연구하며 즐겁게 지내면 되는 거지."

그날 이후로 우리는 친한 친구가 되었다.

열등감이란 무엇일까? 열등감은 교만과 한 쌍이다. 나보다 뛰어난 이에게서 열등감을 느낀다면, 나보다 못한 이를 대할 때는 교만해지기 쉽다. 열등감은 학벌과도 깊이 관련 있다. 나보다 더 나은 학교를 나온 사람에게서 열등감을 느낀다면 나보다 못한 대학 출신 앞에서는 교만해진다. 한 발 떨어져 곰곰이 따져보자. 어떤 이들은 적당한 열등감이 있으면 열심히 하려는 동기를 부여하므로 나쁘지 않다고 말한다. 그러나 굳이 내 속을 갉아먹는 열등감에 휘둘릴 필요가 있을까.

∗

사실 보훔에 와서 막심과 파샤를 만났을 때 처음 느낀 감정도 열등감이었다. 나보다 월등히 뛰어나고 많은 걸 알고 창의력도 넘쳐나는 사람을 보면 열등감을 느끼는 건 당연한 일이다. 살다 보면 내가 아무리 열심히 해도 도저히 따라갈 수 없을 만큼 뛰어난 사람을 만나곤 한다. 그럴 때마다 열등감에 사로잡히면 마음이 피폐해진다. 거기서 벗어나는 가장 좋은 방법은 그들을 나의 선생으로 삼는 것이다. 사람들은 누군가를 가르치는 걸 대개는 좋아한다. 선생을 거저 얻는 것이니 내게는 참으로 유익한 일이다. 물론 어떤 이들은 남을 가르치는 걸 귀찮아하기도 한다. 그럴 때는 상대방을 인정하고 내 속도를 유지하며 갈 길을 가면 된다.

상트페테르부르크에서 남쪽으로 50킬로미터 정도 가면 가치나라는 작은 도시가 나온다. 여기에 상트페테르부르크 핵물리연구소가 있다. 1996년 2월 이곳에서 2주 동안 열린 겨울학교에 참가했다. 세계적으로 유명한 이론물리학자들의 강의를 들을 수 있어 무척 소중한 기회였다.

강의가 없던 어느 날 막심과 파샤, 그리고 둘의 지도교수였던 드미트리 디아코노프, 빅토르 페트로프와 함께 밤을 지새우며 파티를 했다. 러시아의 파티는 한국의 옛날식 술자리와 비슷했다. 보드카를 마시고 기타를 치며 러시아 민요와 노래를 부르고 물리학을 논했다. 새벽 네 시가 되어서야 술자리가 끝났다. 호텔까지 데려다주겠다는 막심과 빅토르와 함께 길을 나섰다. 새벽의 가치나는 온통 눈으로 덮여 세상의 모든 소리마저 파묻힌 듯 고요했다. 달빛을 받은 새하얀 눈이 어두운 길을 환히 밝혔다. 우리는 말없이 눈길을 걸었다. 한참 후 내가 조용히 입을 열었다.

"이론물리학 분야에는 에드워드 위튼 같은 천재들이 즐비한데, 연구하다 보면 기가 죽어요."

빅토르는 파샤 같은 천재였다. 계산의 귀재라고도 했다. 유명해지는 것에는 눈곱만치도 관심이 없고 오직 물리학에만 관심이 있는 분이었다. 학문을 한다는 것이 얼마나 낭만적인 일인지 보여주는 분 같다고나 할까. 학회 때 누군가 어설픈 이론을 발표하면, 빅토르는 거칠게 공격했다. 그는 유명해지려는 사람들을 경멸했다. 그에게 중요한 건 올바른 물리학이었다. 마치 뛰어난 예술가처럼 그에게는 물리학의 정신이 있었다. 천재이면서도 학문의 멋을 아는 분이었다.

빅토르는 깊이 생각하는 듯 말없이 걷더니 말문을 열었다.

"위튼이 하룻밤 사이에 낼 수 있는 결과를 우리가 한 달이 걸려 계산할 수 있으면 되는 것 아니야? 우린 우리가 할 수 있는 일을 하면 되는 거야."

그 한마디에 깊이 깨우쳤다. 이론물리학을 하면서 누군가와 비교하는 건 참 어리석은 일이었다. 나는 나의 길을 가면 되는 거였다. 비교하지 않으면 딱히 열등감이 생길 이유도 없었다. 비교하지 않으면 교만해질 이유는 더더욱 없었다. 내가 좋아하는 물리학을 즐기면 되는 것이었다. 살면서 들은 말 중에서 가장 값진 조언 중 하나였다.

학벌과 열등감은 고민할 필요도 없을 만큼 거추장스러운 것들이었다. 정현종 시인은 〈방문객〉*이라는 시에서 "사람이

＊   정현종, 《섬》(문학판, 2009) 수록

온다는 건 / 실은 어마어마한 일이다"라고 선포했다. 내가 학벌과 열등감에 젖어 있다면 내게 오는 사람을 제대로 가늠할 수 없다. 그런 학벌과 열등감을 내 속에 품으며 살 이유는 처음부터 없었다. 실로 어마어마한 일을 경험하려면 그따위 것은 등 뒤로 던져버려야 한다.

고등학교 때 시에 몰입하느라 학업을 등한히 했던 건 실패가 아니었다. 그렇지 않았다면 학벌주의를 당연한 것으로 받아들이고 살았을 터. 열등감과 교만에서 벗어나지도 못했을 테고 공부하지 않거나 못하는 학생을 이해하지 못했을 것이다.

학생이 내 연구실에 들어오고 싶다고 찾아왔을 때 그들의 성적으로 판단하지 않았다. 오직 공부하겠다고 결심한 학생의 마음과 그 속에 숨어 있을 잠재력만을 봤다. 학벌주의에서 벗어나자 한 사람의 모습이 오롯이 내 눈에 들어왔다. 학생 한 명을 제대로 판단하려면 짧게는 1년, 길게는 10년 넘게 옆에서 지켜봐야 알 수 있다는 것도 쉰 살 가까이 되어서야 깨달았다.

어떤 사람들은 고등학교 때 성적이 좋아 명문대에 들어가서 졸업한 것만으로 평생을 기득권처럼 여기며 살아간다. 그

건 평생 과거의 한 시점에 매여 사는 것과 같다. 그렇게 살기에는 인생이 길고 학벌보다 중요한 건 셀 수 없이 많다. 과거에 성적이 좋았다는 건 당시 그 사람이 성실했음을 인정받는 것으로 이미 충분하다. 학벌은 필연적으로 학연을 동반한다. 어쩌면 부모는 그 학연이 중요하다는 걸 알기 때문에 자식들이 좋은 대학에 들어가길 그토록 원하는지도 모른다. 그러나 한 걸음 떨어져서 보면 학연이야말로 나 자신을 옭아매는 덫이기도 하다. 세상에 거저 얻는 건 없다. 그게 무엇이든 대가가 따르는 법이니 학연으로 얻은 게 있으면 학연으로 갚아야 한다.

학연에 기대면 내 인생에서 정작 집중해야 할 본질을 잃는다. 내세울 학벌이 없으면 따라오는 학연도 없으니 내가 의지할 것이라고는 오직 실력밖에 없었다. 실력을 쌓으려면 열심히 해야 했고 열심히 하다 보니 결국은 내가 하는 일을 즐길 수 있게 되었다. "세상에 물리학보다 재미있는 게 있을까"라고 말할 수 있게 된 것도 물리학에 집중했기 때문이었다. 그러므로 학벌과 학연에서 벗어나면 내 눈앞에 새로운 세상이 펼쳐진다. 내게 오는 사람을 있는 그대로 바라볼 수 있었던 것도 내 눈을 가리던 학벌의 비늘이 완전히 떨어진 뒤였다.

4부

저렇게 많은 별 중에서,
어디서 무엇이 되어

15. 제자라는 별
: 어떤 교수가 될 것인가?

부산대 물리학과에 출근한 첫날, 교수 한 분은 내 마음에 오래 남을 말을 건넸다.

"교수는 단어 뜻 그대로 가르치는 사람입니다. 그다음이 연구예요. 요즘 교수들은 연구를 교육보다 더 중요하게 여기지만, 교수는 무엇보다 교육을 첫 자리에 둬야 해요."

한국에 귀국해서 잠시 부모님 댁에 머무는 동안 아버지께서도 비슷한 말씀을 하셨다.

"너는 이제 교수니까 네가 가르칠 학생들을 우선 생각해. 이제 베풀 차례야."

옛 기억이 떠올랐다. 그땐 교수들이 한 학기 동안 맡은 과목이 너무 많아 숙제를 내지 않는 경우가 잦았다. 학점은 좋았지만 숙제를 한 적이 별로 없었으니 제대로 공부한 게 아니었다. 무언가를 제대로 익히려면 연습을 반드시 해야 한다. 결국 졸업하고 나서 대학원에 들어가기 전까지 학부 때 배웠던 핵심 과목을 혼자서 다시 공부해야 했다.

박사과정 때 망쳤던 수학 시험도 떠올랐다. 독일의 구두시험을 좋은 성적으로 통과하려면, 배운 내용을 완벽하게 이해해야 했다. 그래서 내 수업을 듣는 학생들이 제대로 배울 수 있도록 맡은 강의의 밑그림을 그렸다. 강의란 단순히 교과서 하나를 정해서 거기에 나오는 내용을 그대로 학생들에게 전달하는 일이 아니다. 세상에 완벽한 교과서란 없다. 가르치는 사람마다 물리학을 이해하는 방식이 다르다.

무릇 교수란 자기가 이해한 것을 학생들에게 가르치는 사람이다. 슈펫 교수도 홀린데 교수도 괴케 교수도 모두 자기만의 강의록을 가지고 있었다. 독일 학생들은 강의록과 교수가 추천한 참고문헌을 읽으면서 교수들이 가르치는 내용을 익혔다.

독일의 교수들처럼 내가 이해한 물리학을 학생들에게 전해주고 싶었다. 그러려면 강의 준비에 많은 시간을 들여야 했다.

거기에 더해 매주 숙제를 내고 채점도 철저히 하기로 다짐했다. 내가 가르치는 학생들에게는 적어도 내가 학부 때 경험했던 숙제 없는 강의를 듣게 하고 싶지 않았다.

부산대에서 보낸 첫 학기에 내가 맡은 과목은 일반물리학과 수리물리학이었다. 계획한 대로 두 과목 모두 첫 주부터 숙제를 내줬다. 이 중에서도 수리물리학은 물리학에서 쓰이는 수학을 익히는 과목이었다. 수학은 물리학의 언어나 다름없다. 언어를 능숙하게 잘하려면 연습이 가장 중요했다. 학생들 스스로 연습하도록 도와주려면 숙제는 반드시 있어야 했다. 여러 참고 자료를 찾아보며 준비한 강의록을 스캔해서 학생들에게 나눠 줬다. 하루에 세 문제씩 풀 수는 있을 것이라 여겨 매주 스물한 문제를 숙제로 냈다.

수리물리학을 수강한 학생들은 해야 할 숙제가 많아 무척 힘들어했다. 한 번은 평소보다 숙제를 더 많이 내준 적이 있었다. 일주일 후 강의실 문을 열자 싸늘한 분위기가 흘러나왔다. 학생들은 내가 흠칫할 정도로 매섭게 날 노려봤다. 무슨 문제가 있느냐고 학생들에게 묻자, 불만이 터져 나왔다.

"숙제가 너무 많아요!"

"저희가 수리물리학만 듣는 건 아니잖아요!"

"숙제 제출 전날에는 매번 밤을 새워야 해요!"

숙제를 내면서 학생들이 힘들어할 거라고 예상했지만 이렇게 빨리 불만이 터져 나올 줄은 몰랐다. 그래서 학생들에게 어떻게 하면 좋겠느냐고 물었다. 학생들은 숙제를 줄여 달라고 했다. 그래서 이렇게 물어봤다.

"그러면 일요일은 빼고 하루에 두 문제씩 푼다고 가정하면 일주일에 열두 문제, 그 정도면 될까요?"

학생들은 내 말에 동의하는 눈빛을 보내며 화가 난 표정도 좀 풀렸다. 그러나 숙제만큼은 양보할 생각이 없다는 사실을 그들은 몰랐을 것이다. 학생들의 불만을 받아들여 일주일에 열두 문제를 숙제로 내긴 했지만, 비슷한 유형 두세 개를 묶어 한 문제로 냈다. 말하자면 조삼모사라고 할 수 있겠다. 어쨌거나 학생들은 일주일에 열여덟 문제 정도는 풀어야 했다.

숙제를 많이 내는 건 채점하는 내게도 부담이 컸다. 나 역시 숙제를 일일이 풀어 보고 채점해야 했다. 게다가 연구까지 해야 했으니 퇴근 시간은 늘 밤 열 시를 훌쩍 넘겼다. 숙제를 제출한 뒤에는 일주일 중 하루, 저녁때 시간을 따로 내서 숙제를 풀어보는 연습 시간을 제안했다. 이 시간에는 학생들이 칠판에 문제를 풀면 학생들과 함께 잘 풀었는지 토론했다. 한 학기

내내 학생들은 힘들어했지만 학기가 끝날 무렵이 되자 열심히 따라온 이들의 실력이 눈에 띄게 나아졌다. 당시엔 나에 대한 원성이 자자했지만, 힘들게 숙제했던 시간이 훗날 얼마나 큰 도움이 되는지 학생들이 깨닫게 되리라고 믿었다.

*

일 년 후에는 대학원에서 양자역학 과목을 가르쳤다. 지난해에 F를 받은 학생들이 많아 수강생 수가 70명에 이르렀다. 대학원 과목에 70명이나 되는 학생이 듣는 일은 드물었다. 재수강하는 학생이 많아서인지 첫 강의 시간에 본 얼굴들에는 긴장감이 역력했다. 학생들에게 수업 중에 내가 한 질문에 대답을 하면 가산점을 주겠다고 했다. 그리고 매주 숙제가 나갈 거라는 말도 했다.

그다음 수업 시간에 질문을 하자 스무 명 남짓한 학생들이 마치 초등학교 때처럼 손을 번쩍 들었다. 이번에 탈락하면 석사과정을 2년 넘게 해야 한다는 생각 때문이었을까, 열의가 넘쳐 보였다. 이번에도 마찬가지로 숙제는 매주 열두 문제였다. 학생도 많고 숙제의 양도 적지 않아 채점하는 게 부담이 되었다. 다행히 내 연구실의 대학원생들과 함께 세미나를 하던 입자물리학 이론 연구실의 학생이 양자역학 채점은 자기에게 맡겨 달라고 제안했다. 덕분에 양자역학 채점에 대한 부담감을 줄일 수 있었다.

숙제가 많아서 학생들이 연구는 하지 않고 양자역학 문제만 푼다며 학과 교수들까지 불평했지만 크게 신경 쓰지 않았다. 지금은 숙제하느라 시간도 많이 써야 하고 고생해야 하지만, 학생들이 실력을 쌓는 데에 큰 도움이 될 거라고 믿었다.

그때 강의를 들었던 학생 중에는 미국에서 박사학위를 받고 카이스트 교수가 된 사람도 있었다. 그는 교수가 된 후 인사차 부산대를 방문했는데, 나를 보자마자 인사도 하지 않고 이런 말부터 꺼내는 것이었다.

"교수님! 그때 양자역학 숙제하느라 죽는 줄 알았어요."

나중에 들은 이야기지만 그는 미국에서 유학하면서 양자역학 자격시험에 바로 합격했다고 했다. 양자역학 숙제를 열심히 한 덕분이었을 것이다.

지난 27년 동안 강의하면서 모든 과목에서 숙제를 내고 채점을 열심히 했다. 숙제하는 게 힘들어 수강을 중도에 포기하는 학생들도 있었지만, 무언가 제대로 배우려면 반드시 연습하는 시간이 있어야 한다. 숙제는 학생 스스로 공부하도록 도와주는 거의 유일한 방법이라고 여전히 믿고 있다. 아무리 강의가 훌륭해도 학생 스스로 공부하지 않는다면 제대로 배울 수 없다.

∗

교수가 된 그해 2학기에 두 명의 학생이 내 연구실에 왔다. 드디어 첫 제자가 생긴 것이었다. 대학원생들을 가르치며 부산대에서 내가 무엇을 할 수 있는지 깊이 고민했다. 대학원생을 잘 가르치려면 나부터 열심히 연구해야 했고 연구의 지평도 계속 넓혀가야 했다. 그러려면 함께 연구할 사람을 찾을 필요가 있었다. 여름방학과 겨울방학 때마다 독일에 가서 연구했지만 그것만으로는 부족했다. 그래서 가까운 일본에 있는 이론물리학자들과 접촉했다.

우선 오사카 대학 핵물리연구소에 방문했다. 그곳에서 만난 호사카 아추시 교수와 20년 넘게 함께 연구하며 우정을 쌓아갈 수 있었다. 내게서 석사학위를 받은 학생 중 네 명이 호사카 교수 밑에서 박사학위를 받았다. 오사카대 핵물리연구소를 방문하며 호사카 교수와 함께 옛 제자들이 박사학위를 잘 마칠 수 있도록 도왔다.

핵물리학 이론 분야에서 유명한 동경 공대 오카 마코토 교수를 여러 번 방문하기도 했다. 한번은 오카 교수의 그룹에 방문해서 세미나를 한 다음, 그곳 사람들과 함께 저녁 식사를 했다. 그 자리에는 스가누마 히데오 박사도 있었다. 그는 교토대에서 박사학위를 받은 이론물리학자였다. 그런데 그가 식사하다 말고 뜬금없이 이렇게 말하는 것이었다.

"교토대가 도쿄대보다 물리학은 더 잘하지요."

오카 교수를 도발하려고 한 말이었다. 오카 교수는 도쿄대를 나온 이론물리학자였다. 그는 웃으며 대답했다.

"스가누마 박사 말이 맞아요. 교토대는 일본에서 안티테제 역할을 하도록 세워졌어요. 그 시대의 등불 같은 역할을 하는 대학을 의미하지요. 반면에 도쿄대는 일본을 경영할 고급 공무원을 훈련할 목적으로 세운 학교예요. 그러니까 교토대가 물리학을 더 잘하는 건 맞는 말입니다."

참으로 겸손한 답변이었다. 두 사람 모두 대학이 중요한 것이 아니라 개개인의 성취가 중요하다는 걸 잘 알고 있었을 것이다. 안티테제란 철학에서 어떤 명제의 모순을 드러낼 목적으로 세운 반대 명제를 뜻한다. 실제로 도쿄대에서 정한 책무는 이렇다.

'도쿄 대학은 깊이 있는 전문 지식과 폭넓은 교양을 겸비하고 강한 공익 정신과 개척자적 기상을 지닌 국제적 리더를 육성하는 것을 목표로 한다.'

반면에 교토대의 목표는 이렇다.

'교토 대학은 학문의 자유에 대한 역사적 책무를 계승 발전시키고 지구상에서 사람과 생태계가 조화롭게 공존하는 것을 대학의 사명으로 삼는다.'

두 대학의 목표는 완전히 달랐다. 교토대에서 가장 소중히 여기는 것은 '학문의 자유'였다. 학문에서 가장 중요한 자유를 누리려면 조건이 필요하다. 교수는 함께 연구하는 학생에게 쓸데없는 권위를 내세워서는 안 된다. 실제로 교토대 물리학과와 유카와 연구소(교토 대학 기초 물리학연구소)에서는 학생이 교수를 부를 때 '교수'라든가 '선생'이라는 호칭을 쓰지 않고, 성 뒤에 일본어의 존칭인 '상さん'을 붙인다. 교수도 마찬가지로 학생의 성 뒤에 '상'을 붙여 부른다. 이 전통은 일본에서 처음으로 노벨 물리학상을 받은 유카와 히데키湯川 秀樹와 그의 제자였던 사카타 쇼이치坂田 昌一 때부터 내려오는 전통이라고 했다. 사카타는 나고야 대학이 문을 열었을 때 그곳 물리학과를 세운 사람인데 나고야대 물리학과에도 교토대 물리학과

와 마찬가지로 똑같은 전통이 있었다. 그래서일까, 나고야대 대학원생들과 토론하면서 타 대학과는 달리 학생들이 자기 의견을 표현할 때 무척 자유롭다는 걸 느낀 적이 있다. 학문의 자유를 지키려면 쓸데없는 권위는 마땅히 제거해야 한다.

저녁 식사 때 나눈 대화는 내가 부산대 교수로 있는 동안 무얼 추구해야 할지 영감을 줬다. 부산대가 한국에서 일본의 교토대와 같은 역할을 했으면 좋겠다는 바람이 생겼다. 서울대가 도쿄대 같은 역할을 한다면, 부산대는 한국의 안티테제 역할을 하면 딱 좋을 것 같았다. 그리고 교수라는 이유로 제자들에게 쓸데없는 권위를 내세우는 일이 없도록 힘쓸 필요가 있었다. 이런 권위야말로 학문의 자유를 해치는 것이었다.

새로운 꿈이 생기자 처음으로 내게 배우러 올 대학원생을 어떻게 가르쳐야 할지 알 것 같았다. 학문을 하겠다고 날 찾아온 제자들이니 그들 역시 학문의 자유를 누려야 한다. 그들을 대할 때 쓸데없는 권위는 버리기로 했다. 함께 연구하다 보면 그들도 나와 비슷한 꿈을 꾸게 되리라고 믿었다. 그렇게 계속 나아가면 언젠가 부산대는 한국의 안티테제 역할을 할지도 모를 일이었다. 그러려면 부산대에서 그 무엇보다 온 힘을 기울여 제자를 기르는 일이 가장 중요했다.

*

교수가 된 뒤, 사오 년은 교수란 무엇인지 깨달아 간 시간이었다. 이미 교수가 되었으므로 내 명성을 좇는 것보단 제자들에게 시간을 투자하는 편이 더 낫다고 여겼다. 멀리 내다보면 그들이야말로 내 인생의 별과 같은 존재가 되리라고 믿었다. 내게는 한 명의 학생일 뿐이지만, 그는 자신의 인생을 걸고 내 연구실을 선택했을 편이다. 날 선택한 학생의 마음과 학생을 제자로 받아들인 내 마음의 무게를 함께 저울로 달아 재면 어느 것이 더 무거울까? 이것은 답할 필요도 없는 질문이다.

교수가 된 지 27년이 흐른 지금, 처음에 세웠던 뜻이 틀리지 않았다는 사실에 안도한다. 한 학생이 내게 찾아와 학생으로 받아 달라고 청할 때 그들의 학점이나 성취를 보고 학생을 선택한 적이 없었다. 나는 그가 누군지 모른다. 그가 중학교와 고등학교에 다니며 무엇을 경험했는지 가정 환경은 어땠는지 그의 능력은 어떤지 잠재력은 또 어떠한지 나는 모른다. 그들 중에서 공부를 끝내지 못한 사람도 있었지만, 대개는 어느 순간부터 놀라울 정도로 자기 속에 숨겨진 잠재력을 발휘했다. 이들은 온전히 자기 능력을 보여주었다.

16. 두 가지 약속
: 어떤 동료가 되어 줄 것인가?

매미의 요란한 울음소리가 서서히 잦아드는 8월 말이었다. 학생 두 명이 내게 배우고 싶다고 찾아왔다. 두 사람에게 실험물리학을 전공하는 게 더 나을 거라고 말했다. 하지만 두 사람은 이론물리학을 전공하고 싶다고 뜻을 굽히지 않았다. 이론물리학이란 무엇인지, 연구란 또 무엇인지 전혀 알지 못하는 두 사람이 앞으로 공부하며 겪을 고생이 눈에 훤했다. 속에서부터 안쓰러움이 올라왔다. 난생처음으로 이들을 가르쳐야 하는 나 자신도 불안했다. 내게 대학원생이 오면 온 힘을 다해 잘 가르치겠다고 뜻을 세웠지만 과연 이들을 잘 가르칠 수 있을까? 내게 배우겠다고 온 학생들이 고마우면서, 동시에 마음

한켠에 무거운 돌 하나를 올려놓은 듯했다. 그것은 갓 태어난 큰딸을 내 손에 안았을 때 느꼈던 기분과 비슷했다.

내 연구실에 들어온 학생을 가르치는 일은 여러 학생 앞에서 강의하는 것과 달랐다. 그것은 무엇보다도 사람을 대하는 일이었다. 사람과 사람이 만나면 정이 드는 만큼 갈등도 생기고 서로에게 상처받을 수도 있었다. 내가 연구하며 겪었던 어려움을 저들도 겪을 터였다. 학생들은 내가 경험했던 시행착오는 건너뛰고 연구할 수 있기를 바랐다. 그러려면 몇 가지 원칙을 세워야 했다. 이제 연구를 시작해야 하는 학생이 갖춰야 할 가장 중요한 태도는 무엇일까? 학생을 대하는 선생의 태도는 어떠해야 할까? 처음에는 많은 원칙을 세웠지만 시간이 지나면서 원칙은 간단할수록 좋다는 걸 깨달았다. 그렇게 마지막으로 남은 원칙은 두 가지였다. 학생에게 받을 약속 둘, 내가 지킬 약속 둘, 그것이었다.

내 연구실에 들어오겠다는 학생은 두 가지를 약속해야 한다. 첫째는 게으르지 말 것. 게으르면 아무것도 배울 수 없다. 나태란 참으로 무서운 것이다. 행동경제학의 창시자이자 2002년에 노벨경제학상을 수상한 대니얼 카너먼 Daniel Kahneman 은 《생각에 관한 생각 Thinking, Fast And Slow》(김영사, 2018)

에서 머릿속에 존재하는 두 가지 시스템의 차이를 설명했다. '시스템 1'은 의식적 개입 없이 빠르고 자동으로, 거의 노력을 들이지 않고 작동하는 반면에, '시스템 2'는 복잡한 계산을 포함한 정신적 노력이 필요한 활동에 집중력까지 요구한다. 시스템 1을 작동하는 데는 아무런 노력이 필요하지 않지만 시스템 2를 가동하려면 집중해야 한다. 나태에 빠진 이들은 시스템 2를 거의 가동하지 않는다. 게으르게 살다 보면 자신을 통제할 능력을 잃고 지적 게으름에 빠진 채 나날을 보내게 된다.

게으름에서 벗어나려면 나태의 종말이 어떤지 알 필요가 있다. 영국의 귀족이자 정치가였던 제4대 체스터필드 백작 필립 도머 스탠호프 Philip Dormer Stanhope 는 이렇게 말했다.

"나태는 자살의 일종이다."

나태가 지닌 심각한 문제는 이렇다. 나태는 시스템 2를 망가뜨릴 뿐만 아니라 새로운 걸 배우지 못하도록 끊임없이 자신을 방해한다. 배우지 못하므로 잠재력을 일깨울 기회조차 잡지 못한다. 자기 속에 엄청난 잠재력이 있음에도 단지 게을러서 잠재력을 꽃피우지 못한다면, 그것은 비극이다. 더 큰 비극은 스스로 그 상태를 인지하지 못한다는 사실이다. 어떤 이가 병에 걸렸을 때 이를 치료하려면 가장 먼저 자신이 병에 걸렸다는 사실을 인지해야 한다. 이걸 병식病識이라고 부른다. 우선 자신이 병에 걸렸다는 걸 알아야 치료받을 수 있다. 게으름도 마찬가지다. 게으름에서 벗어나려면 우선 자신이 게으르다는 사실을 자각해야 한다.

일단 자신의 게으른 상태를 알고 난 뒤에는 게으른 상태에 계속 머무를지, 아니면 게으름을 떨쳐내고 거기서 벗어날지 선택해야 한다. 선택은 우리의 몫이고 우리에겐 선택할 자유가 있다. 대학원에서 연구하기로 마음먹었다면 가장 먼저 떨쳐내야 할 게 게으름이다.

※

둘째는 교만하지 말 것. 교만함 역시 학문의 적이다. 학문에 첫발을 디딜 때 끊임없이 경계해야 할 것이 교만함이다. 박사학위를 받고 나서도 마찬가지다. 박사학위란 자기 분야에서 혼자서 연구할 수 있는 자격을 갖췄다는 면허증 같은 것이지, 무언가 통달하거나 남들보다 낫다는 걸 증명하는 증서가 아니다. 박사학위를 받았다는 것은 이제야 학문을 제대로 시작할 준비가 되었음을 의미하므로 또 다른 시작인 셈이다. C. S. 루이스는 교만함을 이렇게 일컬었다.

"교만한 사람은 항상 아래를 바라본다. 그래서 결국 자기보다 위에 있는 것은 볼 수 없다."

교만하면 성장을 멈춘다. 학문을 한다는 것은 높은 산을 오르는 등반과 같다. 교만한 자는 정상에 이르지 못한 채 산 중턱에서 멈춰 아래만 내려다보며 자족한다.

한 분야를 깊이 알아갈수록 자신이 아는 것과 모르는 것의 경계를 점점 더 분명하게 깨닫는다. 전문가는 모든 걸 아는 사람이 아니라 자기의 경계를 분명하게 아는 사람이다. 그러므로 진정한 전문가라면 교만에 빠질 수 없다.

교만함 때문에 지독하게 부끄러운 일을 경험한 적이 있었다. 2003년, 우즈베키스탄 타슈켄트에서 열린 워크숍에 초대받아 참석했다. 부산대 교수가 된 뒤에 자신감이 하늘을 찔렀다. 이런 마음이 자신감 정도에서 머물렀으면 좋았으련만, 도가 지나쳐 나도 모르는 사이에 교만함에 물들었다. 초대받은 워크숍인 만큼 발표를 멋지게 하고 싶었다. 오래전 슈펫 교수와 클라우스 교수는 '발표란 무릇 네가 연구한 것을 사람들이 이해할 수 있도록 전하는 것'이라고 내게 가르쳤다. 자신감이 넘쳐 교만해지자 결국 두 분의 가르침을 잊고 말았다.

워크숍에는 클라우스도 와 있었다. 방학 때마다 독일을 방문해서 그를 만났지만 낯선 곳에서 만나니 더욱 반가웠다. 타슈켄트 워크숍에는 내 분야 전문가들도 많이 와 있었다. 이윽고 내가 발표할 차례가 되었다. 화려하게 준비한 PPT 파일을 보여주며 설명하는데 클라우스가 심각한 표정을 짓는 모습이 눈에 들어왔다. '내가 뭘 잘못하고 있나?'라는 생각이 머릿속에 스쳐갔지만 여전히 자신감이 넘치는 태도로 끝까지 발표를 마쳤다. 클라우스는 고개를 설레설레 저으며 인상을 찌푸렸다.

발표가 다 끝난 뒤, 쉬는 시간에 클라우스가 잔뜩 굳은 표정으로 내게 왔다.

"현철, 내가 지금부터 이런 말을 하더라도 너와 나 사이에 우정이 변할 일은 없어. 하지만 네게 이 말만큼은 꼭 해야 하겠어."

클라우스의 엄한 꾸짖음이 이어졌다.

"네가 똑똑하다는 건 이미 세상이 다 알아. 전문가들 앞에서 그렇게 뻐기며 발표하는 게 얼마나 우스운지 알아? 발표할 땐 네가 연구한 것을 사람들에게 이해하기 쉬운 말로 전하는 게 가장 중요해. 오늘 발표에서 넌 네가 얼마나 많이 아는지 드러내고 싶어 안달 난 사람처럼 보였어."

고개를 들지 못할 정도로 낯이 뜨거워졌다. 클라우스가 가고 난 뒤에도 한동안 의자에 앉아 있었다. 뭘 잘못했는지 깨달았다. 교만했던 것이었다.

교만은 열등감의 또 다른 모습이기도 하다. 나보다 못한 이를 대할 때 마음속에 똬리를 틀고 있던 열등감은 교만으로 바뀐다. 학벌주의를 그토록 고민하며 지냈던 내가 교만함에 사로잡혔다는 사실이 부끄럽기 짝이 없었다. 학벌주의의 본질적인 문제도 결국 거기에 있지 않았던가. 나보다 출신 성분이 못한 사람을 깔보는 것과 교만함은 결국 동색이었다. 나보다 못났다고 여기는 사람들 앞에서는 교만하게 구는 것과 나보다 잘난 사람 앞에서 비굴해지거나 움츠러드는 것이 뭐가 다를까. 그러므로 학문에 첫발을 디딘 학생에게 교만하지 말라고 요구하는 것은 나뿐만 아니라 학생에게도 꼭 필요한 일이었다.

*

학생에게서 두 가지를 약속 받았으니 나 또한 두 가지를 약속했다. 첫째, 네가 내 학생으로 있는 한 절대로 널 연구의 수단으로 삼는 일은 없을 것이다. 둘째, 네가 먼저 포기하지 않는 한 내가 먼저 너를 포기하는 일은 없을 것이다. 이 두 가지 약속은 훗날 인하대로 옮기면서 마음에 더욱 깊이 새겼다. 내게 오는 학생들은 공부에 자신의 인생을 건 사람들임을 명심하고자 했다. 내 연구실에서 공부하겠다고 찾아온 학생들에게 항상 두 가지를 약속받고 두 가지를 약속했다.

두 학생이 내게 배우려고 찾아왔을 때 정말 잘 가르치겠다고 결심했다. 첫 제자가 아닌가? 내 연구실의 흥망이 두 사람에게 달렸다고 여겼다. 그러나 두 학생을 가르치면서 지나친 열정은 오히려 학생들에게 해가 된다는 걸 깨달았다. 학생을 잘 가르치려면 선생도 함께 자라야 했다. 결국 선생이란, 함께 성장하며 학생의 교육을 책임지는 존재였다. 두 사람과 함께한 첫걸음은, 나를 성장시키는 첫 수업이기도 했다.

17. 뿌리 깊은 나무
: 첫 제자의 준비된 변신

"뿌리 깊은 나무는 바람에 흔들리지 않는다."

용비어천가의 2장에 나오는 말이다. 뿌리 깊은 나무는 바람에 심하게 흔들린 적이 많다. 흔들려 봤기에 뿌리를 깊이 내린다. 그만큼 흔들리며 고통을 견디기 위해 갖은 애를 다 쓴다.

나무들이 처음부터 뿌리를 깊이 내렸던 건 아니었다. 3억 년 전, 지구는 데본기에서 페름기로 넘어가고 있었다. 대략 3천만 년 정도 지속된 이 기간을 고생대의 석탄기라고 부른다. 대기에는 이산화탄소가 넘쳐 기온은 지금보다 무척 높았다. 본격적인 빙하기가 시작되기 전이라 바다는 지금보다 훨씬 넓었고, 대기의 습기도 높았다. 나무가 자라나기에 이보다 더 좋은 환경은 없었다. 뿌리를 깊이 내릴 필요도 없었다. 나무들은 수십 미터 높이까지 쑥쑥 자랐고 둘레는 2미터에 이르렀다. 그렇게 지구 위를 가득 메운 것이 열대 우림이었다.

하지만 대기의 온도가 높고 수증기가 많았던 터라 지금과는 비교할 수 없을 만큼 강한 태풍이 자주 발생했다. 한 번씩 태풍이 불면 뿌리가 얕았던 나무들은 바람에 휩쓸려 쓰러졌다. 나무들이 곧게 자라는 것은 나무의 세포벽이 셀룰로우스와 라그린 같은 물질로 이뤄진 덕이었는데, 그때는 그런 물질을 분해하는 미생물이 없었다. 바람에 넘어진 나무들은 썩지 않고 쌓이고 쌓여 압축되어 갔다. 지구의 화산 활동이 잦을 때라 땅에서 올라오는 지열도 뜨거웠다. 결국 그 많은 나무는 모두 석탄이 되었다. 석탄기가 끝날 즈음 빙하기가 밀어닥쳤다. 환경이 척박해지자 나무들은 뿌리를 깊이 내리도록 진화해 갔다. 거센 바람을 견디며 뿌리를 깊이 내린 나무처럼 학생들도 나도 그렇게 성장해 갔다.

내게 온 두 학생의 이름은 이정한과 양길석이었다. 내 첫 제자가 될 두 사람이라 무척 정이 갔다. 뿌리를 단단히 내린 거목처럼 뛰어난 이론물리학자가 되도록 잘 가르치고 싶었다. 더구나 두 사람의 성은 노벨 물리학상을 공동으로 수상한 양전닝楊振寧과 리정다오李政道와 같았다. 이름 때문이었을까, 두 사람이 잘 클 것만 같았다. 그러나 두 사람이 뿌리를 깊이 내리려면 나 역시 선생으로 뿌리 깊은 나무가 되어야 함을 깨닫기까지 그리 오래 걸리지 않았다.

✷

정한과 길석이 내 연구실의 첫 대학원생이 되면서 양자장론 세미나를 함께 하기로 했다. 양자장론은 연구를 시작하려면 반드시 익혀야 하는 이론이었다. 무엇보다 세미나를 하면서 두 사람이 책 읽는 법을 제대로 익히도록 가르치고 싶었다. 두 사람과 더불어 입자물리학 이론 연구실의 석사과정 학생이었던 공경철도 세미나에 함께 참석하고 싶어 했다. 그는 내가 가르치는 대학원 양자역학의 조교를 스스로 맡겠다고 말할 만큼 기초 실력이 탄탄했다. 세 학생은 돌아가면서 발표했고, 나는 학생이 발표할 때마다 제대로 이해했는지 꼬치꼬치 캐물었다. 경철은 이미 양자장론을 잘 알고 있었던 터라 발표를 무척 잘했다. 반면에 정한과 길석은 양자장론이 어려워 어쩔 줄 몰라했다. 아직 기초도 채 쌓지 않았는데 양자장론부터 익혀야 했으니 오죽 힘들었을까. 게다가 나는 책에 쓰인 한 줄도 대강 넘어가지 않았고 준비가 미흡하면 야단을 쳤고 때로는 심하게 몰아붙였다.

어느 날 정한이 연구실로 찾아왔다.

"대학원을 그만둘까 합니다. 공부하는 게 너무 힘들어요. 길석이도 그렇다고 하고요."

지나친 열정은 때로 문제를 일으킨다. 빨리 자랐으면 하는 열망이 너무 커 학생들을 심하게 다그쳤던 것이었다. 정한에게는 좀 더 생각해 보라고 말하고 세미나는 한 주 쉬자고 말했다. 선생도 성장해야 했다. 그때는 열정만 넘쳐났지 어떻게 가르쳐야 효과적인지 몰랐고, 학생이 자랄 때까지 기다려 주는 게 얼마나 중요한지 몰랐다. 속도를 조절해야 했다.

시간이 가면서 학생들의 발표가 조금씩 나아졌다. 그러던 어느 날, 정한이 발표하는데 막힘없이 술술 해나가는 것이었다. 그래서 "잘했어. 그럼, 바로 그다음으로 넘어가자."라고 말하고 넘어갔다. 정한은 황당하다는 표정을 지었다. 그땐 교수 앞이라 대놓고 말은 못 했지만 내 말에 분통이 터졌다고 정한은 훗날 말했다.

"시험 준비도 못 하면서 세미나 준비에 온 힘을 기울였고 세미나를 잘할 자신이 있었는데, 교수님은 그럼 세미나를 건

너뛰고 다음으로 넘어가자고 말씀하시더군요. 제가 얼마나 열심히 준비했는지 아세요?"

정한은 내게 얼마나 열심히 준비했는지 보여주고 싶었다. 교수에게 인정받고 싶은 마음도 있었을 것이다. 그러나 정작 나는 학생이 빨리 크는 데에만 관심이 있었지 학생의 마음을 살펴보지 못했다. 그땐 선생으로서 자질이 한참 부족했다.

오후 늦게 시작한 세미나는 밤 열두 시 가까이 되어서야 끝나기도 했고 또 어떤 날은 아침 일곱 시부터 시작해서 오후 늦게 마치기도 했다. 돌이켜 보면 학생들에게 세미나 시간은 그야말로 고역이었을 것이다. 학생들이 힘들어할 때마다 이렇게 말해주곤 했다.

"러시아나 독일에서는 이 정도 세미나는 아무것도 아니야."

세월이 흘러 독일에서 박사학위를 받은 정한은 이렇게 투덜거렸다.

"교수님, 독일에서도 세미나를 했었는데 아무도 교수님처럼 안 하던데요? 한두 시간이면 세미나가 끝나던데요?"

학생들 앞에서 잘 따라오라고 과장을 좀 했는데 그만 들키고 말았다.

*

 정한이 양자장론을 어느 정도 익혔을 즈음 석사학위 연구 주제를 내주었다. 정한은 생각보다 진척 속도가 느렸고, 결국 2년을 넘겨 한 학기를 더 연구해야 했다. 나중에야 알게 되었지만 정한은 잘못된 식 하나를 찾아내지 못해 거의 1년을 헤맸다. 그러던 어느 날, 새벽 4시에 정한으로부터 전화가 왔다. 목소리가 한껏 들떠 있었다.

 "교수님, 드디어 계산을 마쳤습니다. 모든 게 정확하게 떨어집니다!"

 잠결에 수고했다고 말하고 아침에 이야기하자고 했다. 얼마나 기뻤으면 새벽에 전화를 걸었을까. 꼬박 1년 넘게 매달렸던 계산을 드디어 끝냈으니 그럴 만도 했다.

 정한은 2년 반이 걸려 석사과정을 마쳤지만 논문으로 출판하려면 조금 더 나아가야 했다. 하지만 아쉬운 대로 여기서 마무리를 지어야 했다. 시간이 좀 더 충분했더라면 출판할 만한 결과를 얻었겠지만 나 역시 학생을 처음 가르쳤던 터라 경험이 부족했다. 선생이 갖춰야 할 중요한 자질의 하나는 학생이 클 때까지 기다려 주는 것임을 나중에야 깨달았다. 선생에게 열정이 넘친다고 학생이 덩달아 열정적으로 변하지는 않는다. 한 사람이 자라나는 데는 시간이 참 많이 걸린다. 그땐 이 중요한 사실을 몰랐다.

정한은 석사학위를 받은 뒤에 계속 공부할지 결정을 못 내리고 있었다. 독일에 다녀온 나는 정한에게 독일에 가서 박사과정을 해보지 않겠느냐고 제안했다. 독일을 방문하는 동안 마인츠 대학의 프랑크 마스 교수를 만났는데, 똑똑한 학생이 있으면 독일에 보내달라고 내게 부탁했다. 마스 교수는 마인츠 대학에 있는 전자가속기에서 연구하는 실험물리학자였다. 정한은 이론물리학을 전공했지만 박사과정 때 실험물리학으로 바꾼다고 해도 크게 문제가 없을 것 같았다. 그는 며칠을 고민한 끝에 독일에 가서 공부하겠다고 마음을 정했다. 그 결정을 내릴 때만 해도 어떤 고난이 기다리고 있는지 몰랐을 것이다.

프랑크푸르트 공항에서 동쪽으로 30km 남짓 떨어진 곳에 마인츠라는 도시가 있다. 그곳에 있는 마인츠 대학은 1477년에 문을 열었지만, 지금의 대학은 제2차 세계대전이 끝나고 일 년이 지난 뒤에 다시 문을 열었다. 그래서 독일 대학으로는 드물게 캠퍼스가 형성된 대학이기도 했다. 이곳에는 마미 Mainz Mikrotron(MAMI) 라는 전자가속기가 있어서 강입자 물리학 분야에서 이름난 대학이었다. 정한은 한국에서도 나 같은 초짜 교수를 선택하는 바람에 힘들었는데, 마인츠 대학에서도 이제 막 교수가 된 마스 교수 밑에서 박사과정을 밟느라 고행의 길을 걸어야 했다.

정한은 원래 실험 데이터를 해석하는 일을 맡기로 되어 있었다. 그러나 독일에 도착하자 자기가 맡기로 한 연구는 이미 다른 독일 학생이 맡아서 하고 있다는 걸 알게 되었다. 정작 정한이 맡은 일은 검출기를 만드는 것이었다. 이론물리학으로 석사학위를 받은 그에게는 데이터를 해석하는 일이 훨씬 수월했을 것이다. 검출기를 만들기 전에 해야 할 일이 산더미였다. 검출기를 놓을 공간도 제대로 갖춰지지 않아 바닥 공사부터 해야 했다. 연구비가 충분하지 않으니 학생들이 나서서 직접 공사해야 했다. 바닥에 콘크리트를 부어 다지는 일부터 했다. 이렇게 정한은 연구를 시작하기 전에 막노동부터 해야 했다. 지도교수에게 불평할 만도 했지만 우직했던 정한은 묵묵히 해냈다. 다음에는 연구동 천장에 설치된 크레인을 다루는 법을 배워야 했다. 검출기를 만들어서 연구동에 들이려면 크레인을 잘 다뤄야 했다.

그다음에는 검출기의 필수 부품인 전자석을 제작해야 했는데, 워낙 비싸 근처 화학연구소에서 버린 전자석을 얻어 왔다. 하지만 크기가 안 맞아 전자석의 크기를 검출기에 맞도록 깎아내야 했다. 그 무거운 쇳덩어리를 모두 분해한 다음에 크기를 맞추려고 절단 작업을 했다. 전자석을 새로 만드는 것과 다름없었다.

검출기와 전자석을 만들었다고 다 끝난 것도 아니었다. 검출기가 쏟아내는 신호를 받으려면 데이터 해석 시스템과 프로그램을 만들어야 했다. 게다가 워낙 정교한 실험이라 빔을 극도로 정확하게 조정하려면 가속기를 담당하는 기술자들을 설득해야 했다.

정확한 결과를 얻으려면 데이터의 양도 많아야 했다. 정한은 바닥에 콘크리트를 깔고, 실험하고 데이터를 해석하는 과정을 거쳐 최종 결과를 얻기까지 꼬박 7년의 세월을 마인츠에서 보냈다. 모진 환경을 만난 나무일수록 뿌리를 깊이 내리듯이 7년의 세월은 정한을 전천후 실험물리학자로 길러냈다. 어지간한 사람은 중간에 포기했을 텐데, 7년 동안 실험실 바닥 공사부터 시작해서 마침내 박사과정을 마친 것이었다. 실험물리학자 중에서도 하드웨어와 데이터 해석을 모두 잘하는 사람은 드물다. 정한은 이 모든 것을 할 수 있는 전천후 실험물리학자가 되었다.

정한의 변신은 이탈리아 물리학자 엔리코 페르미 Enrico Fermi 를 연상시킨다. 그는 원래 이론물리학자였다. 1930년대에 유럽에서 뛰어난 이론물리학자 중 한 사람으로 인정받던 페르미는 네 가지 근본적인 힘 중에서 원자핵의 베타붕괴에 관여하는 약력 弱力 을 1934년에 최초로 발견했다. 당시 물리학자들은 원자핵의 베타붕괴를 이해하지 못해 골머리를 앓고 있었다. 알파붕괴나 감마붕괴와는 달리 원자핵이 붕괴하면서 튀어나오는 전자의 에너지는 일정하지 않고 연속적으로 분포되어 있었다.

닐스 보어 Niels Bohr 와 그 제자들은 이걸 설명하려고 미시적인 세계에서는 에너지가 보존되지 않는다고 주장했다. 그러나 에너지 보존은 성배와 같은 것이었다. 볼프강 파울리는 전자의 에너지가 왜 연속적으로 분포하는지 설명하려고 중성미자라는 새로운 입자를 제안했다. 지금까지 한 번도 본 적이 없는 이 유령 같은 입자에 관심을 기울이는 사람은 없었지만 페르미는 파울리의 제안을 진지하게 받아들였다. 그리고 원자핵이 베타붕괴를 할 때 전자와 함께 중성미자가 나온다면 베타붕괴를 깔끔하게 설명할 수 있다는 걸 보였다. 베타붕괴에 관여하는 힘이 바로 약력이다. 페르미는 물리학의 역사를 바꿀 혁명적인 이론을 담은 논문을 〈네이처〉지에 투고했지만, 〈네이처〉에서는 페르미의 이론이 '현실과 동떨어진 추상적인 이론'이라며 논문 게재를 거절했다.

페르미는 〈네이처〉의 처사에 실망한 탓인지 그 후로는 중성자를 이용해 안정된 원자핵을 인공 방사성 원자핵으로 바꾸는 실험에 관심을 돌렸다. 그는 알루미늄에 중성자를 쏘자 알루미늄이 나트륨 동위원소로 바뀌는 걸 확인했다. 이 실험 역시 페르미의 베타붕괴 이론에 못지않은 업적이었다. 당시에 핵물리학의 아버지라고 불릴 만큼 위대한 물리학자 어니스트 러더퍼드Ernest Rutherford도 축하 편지를 보냈다.

"페르미 박사님, 드디어 이론물리학으로부터 성공적으로 탈출하였군요. 축하합니다."

정한 역시 이론물리학을 떠나 실험물리학자로 완벽하게 거듭났다.

*

이미 준비된 사람에게는 항상 일할 곳이 있다. 아무리 경쟁이 심해도 그 자리에 알맞은 사람에게 경쟁률이란 큰 의미가 없다. 박사학위를 받은 정한은 미국 제퍼슨 연구소에서 박사 후연구원으로 지내다가 한국의 중이온 가속기 연구소를 거쳐 스웨덴에서 새로 짓는 중성자 파쇄 가속기의 제어 부분 책임을 맡은 첫 시니어 엔지니어가 되었다. 그곳에서 몇 년 일하다가 미국 캘리포니아 대학 버클리에 있는 로런스 국립연구소의 가속기 제어를 책임지는 부서의 장이 되었다.

내가 담배를 피우는 모습을 볼 때마다 정한은 잔소리했다.

"교수님, 담배 좀 끊으세요. 뭘 담배를 그렇게 뻑뻑 피우십니까? 좀 천천히 피우세요."

"선생한테 담배 끊으라는 소리를 하는 걸 보니, 너, 많이 컸다?"

"교수님, 같은 독일 박사끼리 그러지 맙시다."

그렇게 지도교수였던 사람에게 한 번씩 입바른 말도 잘한다. 한때 자기를 가르쳤던 사람에게 충고하는 건 쉽지 않다. 그러나 정한은 내게 더는 제자만이 아닌 동료가 되었으니, 눈치를 보지 않고 할 말을 한다. 정한과 나는 선생과 학생의 관계가 아니라 서로 격려하며 함께 삶을 살아가는 친구가 되었다. 정한이 첫 제자가 된 건 내게 행운이었다. 우선은 학생이 선생에게 배우지만 시간이 가면서 선생 역시 학생에게 배운다.

18. 다섯 개의 쿼크
: 가르침과 실패와 희열

대학원은 학부와 매우 다르다. 연구가 교육으로 환원되는 곳이 대학원이다. 대학원에 처음 들어온 석사과정 학생은 대학원에서 문화 충격을 겪기도 한다. 물리학과 학부 과정에서는 지금까지 알아낸 것을 잘 정리해서 배우는 것으로 충분하지만, 대학원에서 배우는 과목은 학부 때보다 내용이 훨씬 깊어진다. 무엇보다도 학생을 힘들게 하는 건 대학원에 입학하자마자 자신이 선택한 연구 분야의 최전선에 곧바로 놓이게 된다는 점이다. 막상 연구를 시작해야 하는데 기초지식도 부족하고 연구 분야의 배경도 잘 모른다. 연구에 필요한 논문을 읽으며 좌절한다. 논문 읽기는 마치 암호문을 해독하는 것처럼 느껴진다. 처음 대하는 용어들, 연구에 필요한 기술들, 어느 것 하나 쉬운 게 없다. 지도교수의 설명을 들어도 머릿속은 안개가 낀 듯 부옇다.

교과서의 문제와는 달리 연구에는 해답이 존재하지 않는다. 해답을 찾으려면 일단 첫발을 내디뎌야 한다. 실수하더라도 해야 할 실험이 있다면 해야 하고, 틀리더라도 해야 할 계산이 있다면 해야 한다. 그렇게 연구를 시작하면 으레 첫 번째 벽과 맞닥뜨린다. 처음에는 도저히 넘을 수 없을 것처럼 자신의 앞을 떡 버티고 있는 벽을 겨우 넘어서면 또 다른 벽이 기다리고 있다. 연구란 셀 수 없이 내 앞을 가로막는 이런 벽을 넘어가는 과정이다. 그렇게 몇 개월을 분투하고 나서야 희미하게나마 내가 해야 할 연구가 무엇인지 윤곽이 그려진다. 석사학위 논문을 쓰는 데 필요한 결과를 얻을 때쯤에야 자신감도 생기고 연구가 조금씩 재미있어진다.

박사과정은 석사과정에서 다루는 주제보다 난도가 더 높고 범위도 더 넓다. 전문가가 되어가는 과정이므로 석사과정 때보다 좀 더 독립적으로 연구하게 된다. 그렇게 힘들게 박사과정을 마무리할 때가 되면 자신이 아는 것과 모르는 것 사이의 경계를 분명히 깨닫는다. 그리고 자신이 알고 있는 건 정말 한 줌의 지식밖에 되지 않음을 자각한다. 그러나 동시에 남들도 자기와 비슷하다는 사실도 체득한다. 처음에는 도저히 따라갈 수 없을 만큼 높아 보이던 지도교수도 자기와 비슷하게 느껴진다. 그때가 비로소 박사학위를 받을 시점에 이른 것이다. 그래서 박사학위란 이제 혼자서 연구할 수 있다는 자격증이고, 눈앞에 자신을 가로막는 벽이 나타나도 두려워하지 않고 다시 넘을 준비가 된 사람임을 인정하는 증명서라고 할 수 있겠다.

※

정한과 함께 내 연구실에 들어온 길석도 그랬다. 처음에는 나아갈 길을 몰라 우왕좌왕했다. 준비가 미흡해 세미나 시간에 자주 혼났다. 나는 길석이 빨리 크지 않아 답답했다. 길석은 내게 혼날 때마다 옥상에 올라가 담배를 피우며 공부를 때려치울까, 고민했다. 1년 가까이 길석은 공부를 계속 해야 할지 망설였고 그럴수록 나는 더욱 조급해졌다. 이럴 땐 다그치지 말고 한 발 뒤로 물러나 그를 격려해야 했다. 그러나 초짜 선생은 경험이 부족해 관계의 악순환에서 벗어나지 못했다.

대학원에 처음 들어온 학생은 어느 정도로 열심히 해야 공부를 열심히 하는 것인지 잘 모른다. 더구나 정한과 길석처럼 첫 학생의 경우는 더욱 그렇다. 본이 될 선배도 없고 선생의 수준은 높게만 느껴진다. 그러므로 선생은 학생들과 시간을 함께 보내며 많은 걸 보여줘야 한다. 처음에는 자세히 가르쳐주는 게 좋다. 홀린데 교수가 내게 했던 "너는 박사과정 학생이니, 네가 알아서 해"라는 말은 박사과정 학생에게는 맞는 말일지 몰라도 이제 막 대학원에 들어온 석사과정 학생에게 적용하기에는 위험하다. 나는 이 중요한 사실을 시간이 한참 지나서야 깨달았다.

2003년 7월 4일, 쿼크가 다섯 개로 이뤄진 완전히 새로운 입자가 발견되었다는 논문이 출판되었다. 일본 효고현에 있는 Super Photon ring-8이라는 가속기에서 발견된 이 입자는 세상을 떠들썩하게 했다. 신문마다 방송마다 역사상 처음으로 쿼크가 다섯 개로 이뤄진 입자를 발견했다고 전했다. 이 입자는 다섯 개의 쿼크로 이뤄져 있으므로 펜타쿼크라고 불렀다. 1997년 보훔에서 디아코노프와 페트로프, 막심이 이 펜타쿼크의 존재를 예견한 논문을 쓸 때 그 자리에 나도 있었지만, 그때만 해도 나는 그토록 놀라운 논문이 될 줄 몰랐다. 실험에서 펜타쿼크의 존재가 입증되자 너도나도 펜타쿼크 연구에 뛰어들었다.

나도 마찬가지였다. 군 복무를 마치고 돌아온 길석에게 펜타쿼크의 성질을 함께 연구하자고 제안했다. 나는 막심이 펜타쿼크의 존재를 예견하면서 사용한 이론을 잘 알고 있었다. 놀랍게도 길석은 6개월 만에 연구 결과를 내게 가져왔다. 나는 길석이 얻은 결과를 클라우스, 미하우와 토론했고 네 명의 이름으로 논문을 출판했다. 석사학위 논문 주제로 손색이 없는 연구였다.

길석은 계속해서 연구에 몰입했다. 그러나 연구에 지나치게 몰입한 탓에 정작 졸업 자격시험 준비에는 등한했다. 그것도 고전역학 시험을 통과하는 데 실패한 것이었다. 결국 졸업 자격시험을 세 번이나 치르면서 1년을 더 석사과정에 머물러야 했다. 시험을 재준비했던 1년의 세월은 의미 없지 않았다. 덕분에 길석은 석사과정 동안에 세 편의 논문을 더 출판할 수 있었고 일본에서 열린 국제학술회의와 프랑스에서 열린 국제학술회의에서 연구 결과를 발표했다.

이론물리학을 전공한 석사과정 학생이 네 편의 논문을 출판하기란 매우 어렵다. 나는 길석이 외국에 나가 박사과정을 계속하길 바랐다. 그래서 프랑스에서 열린 국제학술회의에 참가할 겸, 보훔에 있는 클라우스에게 길석을 소개하려고 독일로 향했다. 보훔에서 길석과 함께 지내면서 학문을 할 때의 마음가짐, 공부할 때 겪는 어려움, 길석의 가족 이야기까지…… 참 많은 이야기를 나눴다.

클라우스는 이미 길석과 한 편의 논문을 함께 쓴 적이 있어 길석이 무슨 연구를 했는지는 잘 알고 있었다. 그러나 석사과정 동안 네 편의 논문을 출판했다는 말을 듣자 클라우스는 무척 놀라워했다. 독일에서도 석사과정 학생이 네 편의 논문을 쓰는 건 무척 어려운 일이라며 감탄했다. 그러면서 보훔에 와서 박사과정을 하지 않겠느냐며 먼저 제안했다. 그렇게 길석은 독일 보훔 대학에서 박사과정 학생으로 연구하게 되었다.

지도교수는 막심 폴야코프였다. 막심은 벨기에 리에주 대학의 교수가 되었다가 펜타쿼크를 예측한 공로를 인정받아 보훔 대학의 교수가 되었다. 길석은 보훔 대학에서 막심의 가르침을 받으며 펜타쿼크 연구에 집중했다. 그러는 사이에 또 한 번 물리학계가 떠들썩해졌다. 2006년, 미국 제퍼슨 연구소에서 펜타쿼크가 존재하지 않는다는 실험 결과가 발표된 것이다.

처음부터 워낙 언론의 관심을 받아서였을까, 펜타쿼크가

존재하지 않는다는 결과에 사람들이 받은 충격은 컸다. 물리학자 대부분은 펜타쿼크의 이야기만 꺼내도 신경질적인 반응을 보였다. 그럴 만도 했다. 워낙 사람들의 이목을 끌었던 입자라 2003년부터 엄청난 논문이 쏟아져 나왔지만 '그런 입자는 존재하지 않는다'라는 실험 결과가 나온 뒤로 펜타쿼크에 관한 논문은 썰물 빠지듯 뚝 끊겼다. 이런 일만 없었더라면 석사과정 때 네 편, 박사과정 때 여덟 편의 논문을 출판한 길석은 박사학위를 마친 다음 손쉽게 박사후연구원이 될 수 있었지만, 연구한 주제가 펜타쿼크였다는 것이 그만 발목을 잡고 말았다. 그러나 그보다 더한 악재가 그를 기다리고 있었다.

길석이 박사과정을 끝낼 즈음인 2008년, 미국에서 주택담보대출회사인 리먼 브러더스가 파산하면서 미국 경제가 휘청거렸다. 서브프라임 모기지 사태의 시작이었다. 미국발 금융위기는 미국을 넘어 전 세계로 퍼져나갔다. 경제가 나빠지면 가장 먼저 타격을 입는 것은 순수 학문 분야다. 정부에서는 연구비부터 가장 먼저 줄인다. 연구비가 줄면 박사후연구원 자리가 대거 없어진다. 길석은 펜타쿼크가 존재하지 않는다는 실험 결과와 경제 위기까지 겹치면서 가뜩이나 힘들었는데, 설상가상으로 지도교수였던 막심의 어머니가 위독해지셨다. 경황이 없었던 막심은 길석을 위해 추천서를 쓰는 걸 그만 잊고 말았다. 낙심한 길석은 털레털레 한국으로 돌아왔다. 다행히 경북대에서 박사후연구원 자리가 나서 그곳에서 연구했다. 몇 년 후에는 숭실대의 연구교수가 되었다. 그러던 어느 날 길석은 내게 와서 이렇게 말했다.

"교수님, 저는 계속해서 강입자 물리학 이론을 연구할래요. 지금까지 연구한 저에너지 핵물리학은 아무래도 제 적성에는 안 맞는 것 같아요. 교수님이랑 함께 계속 연구하고 싶어요."

✳

대학원 교육의 핵심은 종파리從破離 라는 조어로 정리할 수 있다. 석사과정 동안에는 선생의 가르침을 좇는다. 그러나 박사학위를 받을 날이 다가올수록 학생은 선생을 넘어서야 한다. 박사과정을 마친 뒤에는 선생을 떠나야 한다. 물론 그 후에도 선생과 옛 제자가 함께 일할 수 있지만, 더는 사제 관계가 아니라 동료로서 일해야 한다. 그리고 옛 선생하고만 함께 논문을 쓰면 사람들이 곱게 보지 않는다. 나와 계속 연구하는 건 네게 좋지 않다고 길석에게 여러 번 이야기했지만 길석은 개의치 않는다고 했다. 어차피 서로 하는 연구를 잘 알고 있고 오랫동안 함께 연구했으므로 일하기에는 서로 가장 편한 상대였으니 길석의 마음을 이해했다. 그러나 이 일로 길석과 나는 마음고생을 하게 된다.

길석과 함께 연구하면서 지금까지 해본 적이 없는 무거운 중입자 연구로 방향을 돌렸다. 완전히 새로운 연구였다. 처음에는 가능할지도 모르니 한번 해보자고 시작한 연구였지만 이 연구가 잭팟을 터뜨릴 줄은 몰랐다. 가벼운 중입자와 무거운 중입자를 하나의 이론적인 틀 안에서 설명할 수 있는 놀라운 결과였다. 막심과 미하우가 합류하면서 길석과 내가 제안한 이론은 확실하게 정립되었다. 앞으로 후속 연구가 쏟아져 나올 훌륭한 연구였다.

길석과 함께 쓴 논문이 많이 나오자 안 좋은 소리가 들려왔다. 옛 지도교수가 제자를 부려 먹는다는 이야기였다. 길석은 이미 박사학위를 받았고 독립된 연구자였다. 그에게는 누구와도 토론할 수 있고 누구와도 연구할 수 있는 자격이 있었다. 지도교수와도 동등한 위치에서 연구한다면 문제 될 게 없었다. 무엇보다도 길석에게는 자기가 관심 있는 주제를 함께 토론할 사람이 필요했지만 정작 국내에서는 강입자 물리학 분야 전문가가 많지 않아 토론할 상대가 적었다. 나보다 먼저 이런 이야기를 들은 길석은 내게 민폐를 끼친 것 같아 눈물이 날 만큼 속상하다고 했다. 화가 치밀었다. 가장 경계했던 "제자를 부려 먹는다"라는 말을 듣게 될 줄은 몰랐다. 그러나 "널 연구 수단으로 사용하는 일은 절대 없을 것이다"라는 약속을 지켰는가, 한 번쯤은 스스로에게 물어야 했다. 아무리 생각해 봐도 길석과 함께 연구한 것이 그렇게까지 욕을 먹을 일은 아니었다.

아무런 이유 없이 왜 남을 욕할까? 그건 시기심 때문일 수도 있고 미움 때문일 수도 있다. 때로는 이간질하려는 악의를 품고 그럴 수도 있다. 남을 욕하는 건 스스로 속 좁은 인간임을 밝히는 것이나 다름없다. 어차피 길석과 함께 연구하면서 혼자서는 해내기 힘든 일을 둘이 해냈으니 누가 뭐라든 공동연구는 서로에게 크게 도움이 되었다. 20년 넘게 함께 연구했으니 서로를 잘 이해했고, 연구하는 것도 손발이 잘 맞았다. 학생들이 길석과 날 일컬어 '영혼의 단짝'이라고 할 만큼 서로를 잘 이해했다. 그래서 남들이야 뒤에서 욕을 하든 말든 우리는 함께 연구하기로 했다. 미국 대통령이었던 프랭클린 루스벨트의 부인 엘리너 루스벨트는 이런 말을 했다.

"위대한 사람들은 아이디어를 이야기하고, 평범한 사람들은 일상사를 이야기하며, 속 좁은 사람들은 사람을 이야기한다."

결국 중요한 건, 우리가 어떤 마음으로 함께 길을 걸어가느냐는 것이다. 남들이 뭐라 하든 우리는 우리의 길을 걸으면 되는 것이다.

25년 전에 내 연구실 문을 두드리던 청년은 이제 어디서도 볼 수 없는 다른 사람이 되었다. 길석은 무엇보다 연구가 재미있다고 했다. 누군가 우리에게 '왜 연구하는가?'라고 물으면 이렇게 대답할 것이다. 연구한 결과가 나왔을 때 찾아오는 희열은 세상의 그 어떤 즐거움보다도 우리를 사로잡기 때문이라고. 첫 세미나 시간에 갈 길을 잃어 우왕좌왕하던 길석이었지만, 지금은 이론물리학자가 되어 남들이 하지 못한 생각을 펼쳐 나간다. 이론물리학은 아름답기도 하지만 생각하는 방식과 태도를 바꾸고 나아가 사람을 바꾼다. 지난 27년 동안 대학원생을 가르치며 매번 놀라는 것도 학생들의 변화 때문이다. 길석은 그 모습을 가장 먼저 보여준 사람이었다.

19. 소가 동그랗다고 가정합시다
: 과대평가와 과소평가

어떤 생태계가 건강한지 확인하는 데 가장 유용한 판단기준은 다양성이다. 생물의 종류가 다양할수록 생태계는 건강하다. 생명의 다양성 덕분에 우리는 더 풍부한 산소를 얻고 몸에 이로운 식물과 다양한 식량을 누릴 수 있다. 그러나 자연의 다양성은 무너지고 있다. 환경운동가 노먼 마이어스Norman Myers는 《침몰하는 방주: 멸종 위기종 문제에 대한 새로운 통찰》*이라는 책에서 이렇게 주장했다.

※ Norman Myers, 《The Sinking Ark: A New Look at the Problem of Disappearing Species》(Pergamon Pr, 1979)

"지난 5만 년 동안 1,000년당 한 종이 멸종했지만, 이제는 연간 약 1,000종이 멸종할 만큼 멸종 속도가 급격히 증가했다. 20세기 말까지 멸종하는 생물이 연간 4만 종에 이를 수 있는데, 이것은 매시간 한 종이 사라진다는 말이다."

다양성이 무너지면 생태계에 끔찍한 영향을 준다는 연구 결과는 넘치도록 많다. 인간 사회도 그렇다.

＊

이런 농담이 있다. 경제학자, 유전공학자, 이론물리학자가 벤처기업을 세웠다. 세 사람은 유제품을 개발해서 돈을 벌기로 했다. 각자 1년 동안 우유를 어떻게 생산할 것인지 연구한 뒤에 제품 생산에 들어가기로 했다. 1년 후, 세 사람은 다시 모여 '효과적인 우유 생산에 관한 워크숍'을 열었다. 먼저 유전공학자가 나섰다.

"저는 유전공학을 이용해 여물은 아주 조금 먹으면서도 우유는 엄청나게 많이 생산하는 소를 개발했습니다."

이것만 해도 다른 회사들보다 앞서 나갈 기술을 보유하게 되었으므로 눈앞에 성공한 회사가 그려졌다. 갈채가 쏟아졌다.

다음은 경제학자의 순서였다.

"저는 연간 우유 시장의 동향을 완벽하게 조사했습니다. 그래서 거기에 맞게 우유 생산량을 조절하면, 낭비되는 우유가 없을 겁니다."

사람들의 탄성이 들렸다. 경제학자의 연구로 회사의 손해는 막으면서 이익은 극대화할 수 있을 터였다.

마지막으로 이론물리학자의 차례였다. 그는 아무런 발표 자료 없이 분필 하나만 들고 칠판 앞에 섰다.

"저는 소에 관한 모든 방정식을 다 풀었습니다."

그러자 사람들이 웅성거렸다. 그는 청중을 한 차례 둘러본 뒤, 칠판에 동그라미를 그리고 말했다.

"우선 소가 동그랗다고 가정합시다."

그 순간, 워크숍 장소에는 적막이 내려앉았다.

이 농담에 등장하는 구형소는 이론물리학자들이 어떤 현상을 이해할 때 가장 단순하면서도 가장 본질적인 것부터 파고드는 걸 상징한다.

이론물리학자 하워드 조자이 Howard Georgi 교수는 한 학회에서 〈다양한 세상 속의 물리학: 물리학 재능을 설명하는 구형소 모형〉이라는 제목으로 강연을 했다. 이론물리학에서도 다양성이 얼마나 중요한지 가장 간단히 설명하는 것이 바로 구형소 모형이다. 그의 주장을 쉽게 정리하면 이렇다. 어떤 사람이 얼마나 뛰어난지 성적만으로 평가한다고 하자. 이것은 직선을 그은 다음, 0부터 1까지 눈금을 매긴 뒤에 성적 순으로 직선 위에 점을 찍는 것과 비슷하다. 평가 대상자 중에서 가장 뛰어난 사람은 1과 가장 가까이에 있는 점에 해당할 것이다. 이런 평가를 일차원적 평가라고 할 수 있다. 뛰어난 사람을 제대로 규정하려면 매우 많은 차원이 필요하다. 어려운 문제를 풀 때 중요하게 작용할 수 있는 다양한 사고 방식은 서로 다른 차원에 두어야 한다. 조자이는 이 다양성을 N차원에 대응시켰다.

N차원은 머릿속에 잘 그려지지 않지만 조자이의 주장을 한 마디로 정리하면 이렇다.

"위대한 물리학자가 되는 방법은 엄청나게 많고, 아직도 우리가 본 적이 없는 위대한 물리학자가 되는 방법도 여전히 많다."

이어서 그는 "그러니 사람을 대할 때 단순히 순위에 의존하는 게 얼마나 해로운지를 여러분이 깨닫는다면 저는 정말 기쁠 겁니다"라고 말했다.

*

우리가 사는 이곳에서도 다양성은 몹시 중요하다. 조자이 교수 말마따나 고등학교 때 성적으로 결정되는 학벌만으로 한 사람을 대하는 건 몹시 해롭다. 조자이는 성적이 주는 1차원적 순위는 그보다 훨씬 높은 차원에서 묘사하는 한 사람의 다양한 능력을 1차원으로 투영한 결과일 뿐이라고 했다. 그의 말처럼 학벌은 한 사람의 그 많은 능력을 1차원으로 투영해 얻은 빈약한 결과일 뿐이다. 한 사람을 단순히 학벌만으로 1차원의 고정된 틀에 꿰맞추는 것은 마치 3차원에서 훨훨 날며 살아야 할 새를 1차원 속으로 구겨 넣어 날개를 꺾어버리는 것과 같다.

명문대에 들어가지 못해 날개가 꺾인 대학 신입생들을 볼 때마다 자기 잠재력을 제대로 펼치지 못하는 것 같아 안타까웠다. 날개를 활짝 펼 수 있는 여건만 주어진다면 그들도 하늘을 날 수 있을 텐데. 부산대에서 그리고 인하대에서 대학원생들을 가르치며 그들 속에 숨은 잠재력이 드러날 때 누구 못지않게 연구를 잘하는 걸 지켜봤다.

정한과 길석을 독일로 유학 보낸 후로도 여러 학생이 외국에서 공부할 수 있도록 도왔다. 어느 날 오사카대 핵물리연구소의 소장이었던 토키 교수가 부산대에 방문했다. 그는 똑똑한 학생이 있으면 오사카대로 보내 달라고 말했다. 마침 박사과정에 들어온 학생이 있었다. 환경방사선을 측정하는 연구로 석사학위를 마친 뒤, 핵물리 이론물리학을 공부하고 싶어 내 연구실로 온 학생이었다. 토키 교수가 제안한 대로 그를 일본 오사카 대학 핵물리연구소에서 박사과정을 밟도록 주선해 줬다. 지도교수는 호사카 아추시였다. 그를 일본으로 보낸 뒤, 일 년에 여러 번 오사카대 핵물리연구소를 방문하며 호사카 교수와 함께 그를 지도했다. 그는 호사카 교수와 내가 함께 지도한 첫 번째 학생이었다. 박사과정은 오사카대에서 하지만 연구는 호사카 교수와 나와 함께했다.

부산대에서 막 일하기 시작했을 때, 어떤 교수가 이렇게 말했다.

"입자물리학 이론이나 핵물리학 이론에서는 석사과정 학생이 논문을 출판하기란 불가능에 가까워요. 우리 분야는 진입장벽이 높잖아요."

그의 말처럼 석사과정 학생이 논문을 출판하는 건 과연 쉽지 않았다. 그러나 부산대에 온 지 4년쯤 지났을 때부터 지금까지 내 연구실에서 공부한 석사과정 학생 대부분은 국제적인 저널에 논문을 출판했다. 시도해 보지 않고, 입자물리학과 핵물리학 이론을 전공한 석사과정 학생들이 국제적인 저널에 논문을 출판하지 못할 거라고 결론 내리는 건 옳지 않다. 앞에서도 이야기했지만, 반례가 있으니 저 교수의 말은 틀린 것으로 판명이 난 셈이다.

∗

그렇다고 모든 학생이 날개를 활짝 편 건 아니었다. 그리스 델포이에는 아폴로 신전이 있다. 고대 그리스 시대에 헬레니즘의 성소였던 이곳은 독실한 기독교인이자 로마 황제였던 테오도시우스 1세의 명령으로 파괴되어 지금은 무너진 유적만 남아 있다. 아폴로 신전으로 들어가는 현관 기둥에는 세 가지 격언이 적혀 있었다. '너 자신을 알라.' '과함은 금물이다.' '확신은 파멸을 초래한다.' 지금도 새겨들을 만한 격언이다. 그중에서 '너 자신을 알라'가 가장 잘 알려져 있다. 이 격언의 진의에 대한 해석이 많지만 있는 그대로 너 자신을 보라는 의미만큼은 분명하다. 다르게 해석하면, '너의 한계를 직시하라'라고도 할 수 있다.

공부를 어설프게 하면 자신을 과대평가하는 함정에 빠질

위험이 있다. 박사과정을 마친 사람은 대체로 자신이 아는 것과 모르는 것 사이의 경계가 어딘지 안다. 그러나 박사학위를 받고 난 뒤에 자신이 대단하다는 착각에 빠지는 사람도 있다. 자신을 과대평가하는 사람은 쉽게 오만해진다. 스스로 과대평가하는 사람의 가장 큰 문제는 누구에게서도 배우지 못한다는 것이다.

과소평가는 또 다른 문제다. 자기 모습을 있는 그대로 보는 건 참 어려운 일이지만 공부를 꾸준히 하다 보면 내가 모르는 것과 아는 것의 경계가 점점 분명해진다. 그 경계를 명확하게 깨달으면 내가 모르는 게 참 많다는 걸 알게 되니 겸손해진다. 자신을 과소평가하는 것은 겸손과 다르다. 과소평가의 이유는 많다. 석사과정에서 연구하다가 첫 번째 벽에 맞닥뜨렸을 때 느끼는 어려움은 때로 학생을 주눅 들게 만든다. 그러나 그 벽은 누구나 겪는 일이다. 똑똑한 사람이라면 그 벽을 손쉽게 넘기도 하지만, 대개는 온 힘을 기울여야 그 벽을 넘을 수 있다. 대부분은 남들과 크게 다르지 않다. 과소평가는 과대평가만큼이나 학생의 미래를 좀먹는다. 그런 학생들은 결국 어느 수준 이상 자라지 못했다.

가면 증후군이라는 게 있다. 이 병적인 증상은 뛰어난 연구를 한 직후에 찾아오곤 한다. 뛰어난 연구를 한 게 자신이 뛰어나서가 아니라 그저 운이 좋아서라고 믿는다. 그리고 그런 마음을 남들에게 들킬까 두려워한다. 가면 증후군은 자신을 끊임없이 괴롭힌다. 심하면 쉼 없이 일하다가 기력과 정신이 완전히 고갈되는 번아웃 증후군에 걸린다. 학생들에게 논문을 출판한 다음에는 좀 쉬라고 말하는 것도 행여 가면 증후군이나 번아웃 증후군을 예방하기 위해서다.

십 년 동안 부산대에 있으면서 여섯 명의 학생을 외국으로 유학 보냈다. 외국에 나가서 공부하면 국내에만 있는 것보다 더 넓은 세상을 볼 수 있고 나중에 직장을 잡는 데도 더 나을 것이라고 여겼다. 어떤 이가 물었다.

"석사과정 동안 학생을 키우느라 힘들었는데, 써먹을 만할 때 학생을 외국에 내보내시면 아깝다는 생각이 안 드세요?"

학생을 써먹는다? 다행히 그런 생각을 한 적이 없어 딱히 아쉽다는 생각을 해본 적은 없었다. 학생은 교수가 써먹을 인력이나 레버리지로 활용할 대상이 아니다. 학생에게는 학생의 삶이 있다. 이제 막 학문에 발을 들인 그들의 삶은 소중하다.

코로나가 창궐해 학생들을 외국에 내보내기 힘들게 되었을 즈음 깊이 깨달은 바가 있었다. 학생들을 외국에 보낸 데에는 좀 더 넓은 세상을 경험해 보라는 뜻도 있었지만, 그 못지않게 '학벌 세탁'이라는 의미도 분명히 있었다. 학벌로부터 완전히 벗어났다고 여겼지만 내 마음 한구석에서는 여전히 학벌주의를 의식하고 있었다. 직접 박사과정 학생을 가르치며 정작 내가 그들의 능력을 과소평가하고 있었다는 사실을 깨달았다. 조자이 교수가 말했듯이 N차원에서 한 사람을 바라보면 내가 보지 못한 놀라운 능력이 그에게 있음을 발견한다. 사람의 능력을 어떻게 성적만으로 한 줄로 세울 수 있을까. 학생들이 어느 수준에 오르면 스스로 날개를 펼치는 걸 지난 30년 동안 지켜보았다.

20. 실패는 배신하지 않는다

: 물리학자의 가장 위대한 도구

닐스 보어가 말했다.

"전문가란 매우 좁은 분야에서 고통스러운 경험을 하며 저지를 수 있는 모든 실패를 겪어본 사람이다."

실패는 고통스럽다. 전문가가 되려면, 우선 저지를 수 있는 모든 실수와 좌절을 겪어봐야 한다. 성공은 셀 수 없이 많이 범한 시행착오의 더미 속에 숨겨진 보석이다. 몇 번 넘어졌다고 걸음을 돌리거나 무릎을 꿇는 건 어리석은 일이다. 실패는 성공하려면 반드시 있어야 할 필요조건이다. 좌절하지 말고 꿋꿋하게 나아가다 보면 성공으로 가는 길이 보인다. 한 번 성공했다고 끝나는 것도 아니다. 전문가는 이미 수없이 넘어지며 길을 걸어봤기에 다시 만난 좌절에도 쉽게 무너지지 않는다.

저 멋진 말을 한 보어는 1913년, 막스 플랑크의 구 양자론에서 영감을 받아서 보어 모형을 세우며 양자역학으로 가는 물꼬를 텄다. 보어는 이 원자의 구조를 설명하는 이론을 한달음에 완성했을까? 천만의 말씀이다. 러더퍼드가 1911년에 세운 고전적인 원자 모형에는 내재된 모순이 있었다. 전자가 핵 주위를 돈다고 가정하면 고전 전자기학 이론에 따라 핵 주위를 돌던 전자는 전자기파를 방출하며 에너지를 잃는다. 전자는 더는 핵 주위를 돌지 못하고 핵으로 추락하게 된다. 그러나 실제로는 그런 일이 일어나지 않는다. 보어는 이 문제를 해결하려고 1년 가까이 고민했다. 막스 플랑크의 구 양자론을 러더퍼드의 모형에 접목해 1913년에 내놓은 것이 보어 모형이다.

파인만은 교과서나 논문이 깔끔하게 쓰인 것만 보면 마치 물리학자들이 처음부터 그런 이론을 만들어 낸 것처럼 보이지만, 그 이론에 도달하기까지 지난한 고통의 시간을 보냈다는 사실을 간과해서는 안 된다고 했다. 올바른 식 하나를 얻기 위해 틀린 계산으로 가득한 종이를 얼마나 많이 휴지통에 버려야 했을까. 그러므로 파인만의 말은 이론물리학자들의 유명한 농담, '이론물리학자의 가장 위대한 도구는 휴지통이다.'로 표현할 수 있다.

*

부산대에서 학생을 가르치며 연구한 지 십 년이 다 되었다. 그리고 인하대로 옮기게 되었다. 교수는 65세가 되면 퇴직하니 10년이면 거의 삼분의 일이 지난 셈이다. 인하대로 옮기기 전, 부산대에서 보낸 10년을 되돌아보았다. 강의도 열심히 했고 연구도 게을리하지 않았다. 대학원생을 지도하는 일에는 지나치다 할 만큼 매달렸다. 내게 온 대학원생 중에서 석사학위를 받은 뒤에 계속 박사과정을 밟겠다고 한 친구들은 모두 유학을 보냈다. 동료 교수에게 논문 쓰는 공장이라는 소리를 들을 만큼 학생들과 함께 논문도 많이 썼다. 그러나 겉보기에 성공한 듯 보여도 자세히 들여다보면 반성할 구석이 많았다. 성장하려면 성공했던 것보다는 실패했던 경험을 되새기는 게 유익하다. 그래야 똑같은 실패를 반복하지 않는다. 실패했다고 후회하지 말고 실패한 이유를 정확하게 살필 수 있다면 실패야말로 내게 소중한 자산이 된다. 실패 없이는 성공도 없다.

연구에서도 삶에서도 그렇다.

　부산대에서 대학원생을 가르치며 범한 잘못은 지나치게 조급했다는 것이었다. 학생을 가르칠 때는 논에 벼를 심고 물을 주고 잡초도 뽑아주고 벼가 다 자랄 때까지 기다리는 농부의 마음이 필요하다. 학생은 단번에 자라나질 않는다. 그 속에 감춰진 잠재력이 깨어날 때까지는 시간이 제법 걸린다. 개인차도 커서 어떤 학생은 1년 만에 연구를 잘하게 되기도 하지만, 또 어떤 학생은 2년이 걸려도 제자리걸음이다. 그러나 그렇게 보여도 그가 진보하지 않는 게 아니다. 기다리다 보면 어느 날 훌쩍 큰다. 그러므로 선생은 학생이 클 때까지 기다려줘야 한다. 단순히 게으른 학생도 있지만 학생들은 대체로 내가 답답해하는 것보다 더 답답해하고 힘들어한다. 내가 아무리 애달아해도 학생 본인만큼은 아니다. 그 중요한 사실을 몰랐다. 그것은 부산대에서 보낸 10년을 되돌아보며 깨우친 가장 중요한 교훈이었다.

*

　인하대로 옮긴 뒤에도 뼈저린 실패를 겪었다. 인하대로 가기로 한 뒤, 원서를 준비해 학교에 제출했다. 얼마 지나지 않아 인하대에서 다시 연락이 왔다. 출판한 논문이 아주 많다며 이 정도면 인하대 펠로우 교수도 될 수 있겠다고 했다. 인하대에서는 교수들이 논문을 많이 쓰도록 장려하기 위해 펠로우 교수라는 제도를 운용하고 있었다. 펠로우 교수는 논문을 많이 쓰는 교수를 선택해 파격적인 대우를 해주는 제도였다. 우선 한 학기에 한 과목만 강의하면 되고, 다른 교수들보다 보수도 1.5배 가까이 많이 받았다.

그러나 조건이 있었다. 혜택이 큰 만큼 남들보다 논문을 훨씬 많이 써야 한다. 내가 서명한 펠로우 교수 계약서에는 일 년에 논문을 11편 이상 써야 한다고 명시되어 있었다. 아둔하게도 먹음직스러워 보이는 미끼를 덥석 물고 말았다. 보수가 높다는 말에 솔깃해 계약서에 서명하고 말았다.

좋은 논문의 목적은 분야와 상관없이 같다. 논문의 가치는 내가 종사하는 학문 분야의 진보에 얼마나 이바지하느냐에 달려있다. 논문을 많이 써도 발전 없이 제자리만 맴도는 논문이라면 쓰지 않는 게 낫다. 그래서 논문을 많이 쓰는 게 좋은 것만은 아니다. 논문 편수에 압박받으면 논문 편수만 채우는 데 급급하다. 논문의 편수에 지나치게 매달리면 더욱 심각한 문제가 발생한다. 논문 한 편에 온전한 연구 결과를 담기보다는 논문 쪼개기에 집착한다. 이런 행위를 살라미 슬라이싱 salami slicing 이라고 한다. 이렇게 출판한 논문은 내용도 빈약하고 변변한 인용조차 받지 못하는 무가치한 논문으로 전락한다.

펠로우 교수로 지냈던 6년은 통탄스러운 기간이었다. 처음엔 높은 보수와 강의 부담이 적다는 사실에 기뻤지만 연구자로서의 자존감은 점점 깎여나갔다. 펠로우 교수로 지내는 동안 논문 편수는 늘어났지만, 논문의 피인용 수는 점점 낮아졌다. 가장 왕성하게 연구할 나이에 논문 편수에 매여 역설적으로 좋은 논문을 쓸 수 없었다. 훌륭한 아이디어를 실현하려면 시간이 많이 든다. 매년 학교에서 요구하는 논문 편수를 맞추려면 훌륭한 생각은 뒤로 미뤄두고 지금 당장 결과를 얻을 수 있는 주제부터 연구해야 했다. 논문을 출판하는 게 급했으므로 논문의 완성도도 떨어졌다. 결국 써봤자 학계에서 별 주목도 받지 못하는 고만고만한 논문만 양산한 셈이 되고 말았다.

펠로우 교수를 그만두게 되었을 때의 해방감은 이루 말할 수 없었다. 하지만 뼈저린 경험을 이대로 흘려보낼 수는 없었다. 이런 실패는 한 번으로 족하다. 6년 동안 별 볼 일 없는 논문을 쓰며 허송세월하였지만 그야말로 크게 교훈을 얻었다.

학문을 한다는 것은 단순히 논문을 쓰는 것이 아니다. 학자는 논문으로 말한다. 형편없는 논문을 쓴다는 것은 쓸데없는 말만 한다는 것이니, 낯 뜨거운 노릇이었다. 논문이란 학술 가치를 담을 때라야 비로소 의미가 있다.

펠로우 교수에서 물러나면서 좋은 논문이 아니면 쓰지 않겠다고 굳게 결심했다. 6년을 허송세월한 건 비통했지만 다시 한번 의미 있는 연구를 하겠다고 마음먹게 되었으니 꼭 나쁜 것만은 아니었다. 그해부터 다시 연구에 정성을 들였다. 그렇게 10년이 지난 지금, 내가 출판한 논문의 피인용 수를 살펴보며 깜짝 놀랐다. 2008년부터 내가 쓴 논문 전체의 피인용 수는 6년 동안 내리막길을 걷더니 2014년부터 다시 서서히 오르기 시작했다. 역시 학문의 세계는 정직했다. 재미있는 사실은 연구년이었던 해에 펠로우 교수 시절에 버금갈 만큼 논문을 많이 출판했지만 피인용 수는 훨씬 늘어났다는 것이다. 그러므로 연구를 성실하게 하다 보면 논문도 많이 출판하게 되는 것이지 논문을 많이 쓰겠다는 목표를 세우고 연구하다 보면 결국은 허섭스레기 같은 논문, 술을 짜내고 남은 술지게미보다 못한 논문을 출판하는 결말에 이른다.

학생들에게 항상 진지하게, 깊이 생각하며 연구해야 한다고 조언했지만, 6년의 세월 동안 그 조언을 들을 사람은 바로 나라는 걸 뼈저리게 느꼈으니 연구자로서는 최악의 실패를 겪은 셈이었다. 학생들을 가르치면서 내가 겪었던 실패를 종종 이야기했다. 좋든 나쁘든 학생들에게는 구체적인 예를 보여주는 게 좋다고 여겼다. 선생이 경험한 실패담은 오히려 학생들이 장래에 비슷한 실수를 겪지 않도록 도와줄 수 있다. 어떤 실패는 통한스럽지만 실패의 이유를 마음에 새기는 한 다시는 같은 실패를 하지 않을 테니 이런 점에서 실패는 결코 우리를 배신하지 않는다.

5부

진화는 반복된 실패의 결과다

21. 사람을 기른다는 것

: 가르치며 배우며

'교육하다'를 뜻하는 영어 단어 'educate'는 라틴어 'educare'에서 왔다. 어원을 살펴보면 'e'는 밖(out)을 의미하고 'ducare'는 이끈다(lead)는 뜻이다. 그러니까 educate에는 가르치는 사람이 배우는 사람의 속에서 무엇인가를 끄집어낸다는 의미가 숨어 있다. 독일어 단어 'erziehen'에도 같은 의미가 있다. 교육이란 배우는 사람에게서 무언가를 끄집어내는 것이다. 그걸 잠재력이라고 부를 수 있을 것이다. 학생 속에 숨겨진 능력, 그걸 끄집어내는 것이 교육이다. 그러려면 학생 스스로 공부할 수 있도록 여건을 마련해 주어야 한다.

아무리 훌륭한 선생이 교단에서 가르쳐도 학생이 스스로

공부하지 않는 한, 무언가를 제대로 배우는 건 요원하다. 강의를 들을 땐 이해한 것 같아도 돌아서면 잊는다. 오직 스스로 공부할 때만이 배운 내용을 마음에 새길 수 있다. 그런 점에서 교수는 운동선수를 가르치는 코치와 닮았다. 운동을 하는 주체는 운동선수이지 코치가 아니다. 공부도 그렇다. 코치가 운동선수의 잘못된 자세를 잡아 주거나 응원해 주는 역할을 하듯이 교수는 학생이 잘못 이해하여 오개념에 빠지지 않도록 이끌어 주고 공부를 열심히 할 수 있도록 독려해 주어야 한다. 그래서 학생들이 강의 시간에 질문할 수 있는 분위기를 마련해 주고 조금 버거운 수준의 숙제를 내줄 필요가 있다.

미하이 칙센트미하이 교수는 《몰입의 즐거움》(해냄, 2021)에서 과제와 실력 사이의 함수 관계를 설명했다. 과제가 지나치게 어려워도 학생들의 공부에 도움이 되지 않지만 쉬운 문제 역시 도움이 되지 않는다. 몸의 근육을 키우는 것과 지적 근육을 키우는 건 매우 유사하다. 근육을 키우려고 지나치게 무거운 역기를 들면 근육을 상하게 할 뿐이다. 반대로 지나치게 가벼우면 근육이 자라지 않는다. 들기에 조금 버거울 정도가 되어야 근육이 잘 자란다. 공부도 마찬가지다. 난도가 적당히 높은 문제를 반복해서 풀다 보면, 어느 순간부터 비슷한 난도의 문제는 잘 풀게 된다. 학생들이 수행해야 할 숙제에는 반드시 지적 근육을 키워줄 만큼의 난도가 있어야 한다.

학생 스스로 문제를 풀어보도록 연습 시간을 갖는 것도 매우 중요하다. 시간만 넉넉하다면 수업 시간마다 시험을 보면 더욱 좋다. 그건 마치 운동선수가 실전 전에 예행연습을 하는 것과 비슷하다. 시험을 통해서 자기 자신의 수준을 가늠하고 부족한 부분을 깨닫는다. 공부의 방향을 설정하는 데에 이보다 좋은 방법은 드물지만, 같은 방법이 항상 통하는 게 아니라는 걸 인하대에 와서 깨달았다.

*

인하대에 와서 처음 가르친 과목은 학부과정의 전자기학이었다. 그것은 내가 대학생이었을 때 쉽게 배우는 바람에 나중에 혼자서 다시 공부해야 했던 과목이었다. 전자기학은 물리학과에서 가르치는 핵심 과목 중 하나다. 부산대에서 얻은 경험을 살려 강의록을 스캔해서 강의 홈페이지에 올리고 조금은 과할 정도로 매주 숙제를 내주며 학생들에게 말했다.

"공부한 것은 모두 기록으로 남기는 게 좋아요. 그래야 나중에 자신이 무엇을 어떻게 공부했는지 알 수 있어요. 숙제를 노트에 풀면 채점 후에 돌려주겠습니다."

그러나 숙제가 과했던 탓인지 아니면 학생들이 이런 방식에 익숙하지 않았던 것인지 숙제를 아예 내지 않는 학생들이 점점 늘어났다. 삼 주 정도 지나자, 절반이 넘는 학생들이 수강을 포기했다. 숙제가 많아 버거워서였다. 부산대에서는 겪어보지 못한 일이었다. 전자기학은 전공 필수였지만, 담당 교수가 바뀔 때까지 수강하지 않고 버틴다는 이야기도 들려왔다.

김영민 교수는 《공부란 무엇인가》(어크로스, 2020)에서 이런 말을 했다.

"내용 없이 학점만 잘 주는 꿀강의에 탐닉하다 보면, 근골이 약해지고 정신의 당뇨병에 걸리게 된다."

학생들은 취직을 잘하려면 학점을 잘 받아야 하니 효율적으로 학점을 관리하려면 꿀강의만을 골라 듣는 게 좋다고 믿는 것 같았다. 그러나 꿀강의는 식사를 거르고 단 것으로만 배를 채우는 일과 같다. 반복하면 정신의 근골이 약해진다. 남는 건 결국 졸업장밖에 없다. 나중에 거기서 헤어나려면 대학 때 들인 노력과는 비교가 안 될 만큼 힘을 들여야 한다.

학생들이 내가 가르치는 과목을 무더기로 포기하자 갈등이 일었다. 어려운 부분은 건너뛰며 가르치고 숙제도 쉬운 문제 몇 문제만 낼까? 벤자민 프랭클린은 이렇게 말했다.

"나에게 말로 하면 잊을 것이고 가르쳐 주면 기억할 것이며 참여하게 하면 배울 것이다."

무언가 정말 배우고 싶다면 내 손으로 직접 해봐야 한다. 강의를 듣는 것만으로는, 뻔한 문제만 푸는 것으로는 새로운 걸 배우기 어렵다. 어려운 문제도 겪어봐야 문제를 풀 능력이 생긴다. 중도에 포기한 학생은 안타까웠지만 남은 학생들에게 집중하기로 했다.

*

〈리멤버 타이탄〉이라는 영화가 있다. 1971년, 버지니아의 알렉산드리아시에서는 백인과 흑인 사이의 갈등을 줄이려고 흑백을 가리지 않고 함께 다닐 고등학교를 세웠다. 학생들의 유대감을 높일 목적으로 아메리칸 풋볼팀도 새로 만들었다. 팀의 명칭은 타이탄이었다. 감독으로는 흑인 코치 허먼 분을 초청했다. 그에게는 두 가지 임무가 주어졌다. 흑백 갈등을 해소하며 동시에 버지니아주 아메리칸 풋볼 대회에서 승리해야 했다. 첫날부터 흑인과 백인 학생들 사이에는 팽팽한 긴장감이 돌았지만, 감독은 그런 긴장감은 느끼지 못할 정도로 학생들을 지독하게 훈련시켰다. 흑백으로 나뉘었던 학생들은 모두 한 팀에 소속되었다는 걸 서서히 깨달아 갔다. 타이탄은 연승을 거두며 역사적인 팀으로 우뚝 선다. 그러던 어느 날, 분 코치는 경기 중 실수한 흑인 선수를 야단친다. 그 장면을 본 백인 코치 요스트가 항의하자, 분은 이렇게 말한다.

"마음이 여린 애들이라고 세상이 봐준답니까? 특히 흑인 애들한테는 더하죠. 어리광을 받아주는 건 절대 아이들을 돕는 게 아닙니다. 불구로 만들 뿐입니다. 평생 불구로 살게 할 작정입니까?"

이것은 그 뜻을 곰곰이 되새길 만큼 의미심장한 대사였다. "흑인 애들한테는 더하죠"라는 말을 한국의 현실에 빗대면 "명문대 출신이 아닌 아이들한테는 더하죠"라고 바꿔 표현할 수 있다. 학생이 대학에 다니는 동안, 입학 때 성적 그대로 졸업시키는 건 누구나 할 수 있다. 적당히 가르치고, 적당히 학점을 주면 된다. 언젠가 동료 교수가 내게 이런 말을 했다.

"인하대 학생들은 적당히 가르쳐서 좋은 데 취직시키면 됩니다."

과연 그럴까? 과연 학생들이 원하는 것이 그것뿐일까? 고등학교 때 실력 그대로 평생 살게 하는 게 정말 학생들이 원하는 가르침일까? 학부생들과 면담할 때마다 그들 속에 숨어 있는 열망을 봤다. 잘 해내고 싶지만, 뜻대로 되지 않아 힘들어하는 학생들에게 그저 따뜻한 격려만 한다고 그들이 변할까? 졸업하는 순간, 비명문대 학생들은 명문대 학생들보다 훨씬 치열한 경쟁에 놓인다. 거기에 더해 학벌주의의 음험함에도 시달려야 한다. 그런데 적당히 가르치면 좋은 데 취직시킬 수 있을까? 동료 교수의 말은 이미 모순을 담고 있었다. 참 많은 의문이 마음을 어지럽혔다.

몇 년 후, 학부 양자역학을 가르치면서 내가 고수한 방법이 옳았다는 사실을 확인했다. 양자역학은 학부에서 배운 다음 대학원에서 다시 배운다. 내가 보기에 이건 시간 낭비처럼 보였다. 그래서 과감하게 대학원에서 배우는 내용까지 강의록에 포함했다. 이번에도 삼분의 일 남짓한 학생들이 중간에 떨어져 나갔다. 그러나 열 명가량 되는 학생들은 정말이지 열심히 따라왔다. 흐뭇했다. 그들도 자신감이 생겨서일까, 대학원에 진학하겠다는 학생도 늘어났다. 애초부터 꿀강의만 원했던 학생들 마음은 돌려놓을 수 없었지만, 적어도 열심히 따라오는 학생들 실력은 확실히 끌어올릴 수 있었다.

✷

 부산대에서 인하대로 옮기면서 처음부터 다시 연구실을 세워야 했다. 부산대에서는 학생과 함께 첫 논문을 국제 학술지에 싣기까지 거의 5년이 걸렸다. 인하대에서도 연구실이 제대로 돌아가려면 비슷한 기간이 필요할 거라고 여겼다. 부산대에서 대학원생들을 지도하면서 깊이 깨달은 사실이 있었다.

 첫째는 내 연구실에 들어온 학생은 내겐 단지 한 명의 학생일 뿐이지만, 그 학생은 자신의 인생을 걸고 들어왔다는 사실이다. 만약에 내 마음과 학생의 마음을 저울에 달면, 추는 대번에 학생 쪽으로 기울 것이다. 그러므로 나와 내 연구실은 학생을 위해 존재해야지 학생이 날 위해 존재해서는 안 된다. 그래서 학생들이 연구실에 새로 들어올 때마다 "연구실이 널 위한 곳이지, 네가 연구실을 위한 존재는 아니야. 그러니까 너 자신을 위해 열심히 해"라는 말을 잊지 않았다.

 둘째는 학생이 자랄 때까지 기다려야 한다는 것이다. 물론 무턱대고 기다려서는 안 된다. 학생이 연구를 시작하는 초반에는 세밀하게 관찰하며 지도해야 한다. 학생마다 자라는 속도가 다르고, 가진 장단점도 다르다. 가능하면 거기에 맞춰 학생을 지도할 필요가 있다. 석사과정 초반에는 학생이 조금 버거워할 정도로 몰아붙일 필요도 있다. 연구를 처음 시작하다 보면 으레 그렇듯이 첫 번째 벽을 만난다. 벽을 만난 학생들은 대개 낙심한다. 벽을 넘을 능력이 없음을 스스로 탓하기도 한다. 벽을 극복하려면 언젠가는 이 벽을 넘을 거라고 여기고 생각을 멈추지 않아야 하지만, 능력이 안 된다고 여기고 열심히 하지 않거나 포기하기도 한다. 이럴 때 어떤 학생에게는 다독임이 필요하지만, 또 어떤 학생에게는 단단히 주의를 줄 필요가 있다. 그러나 무엇보다 중요한 것은 학생이 자랄 때까지 기다려 주는 일이다.

셋째는 칭찬을 아끼지 않아야 한다는 것이다. 학생이 연구하면서 문제를 해결할 때마다 칭찬해 주는 게 좋다. 학생을 칭찬하는 것. 부산대에서 내가 가장 못한 부분이었다. 학생이 빨리 자라길 원했던 조급함 때문에 칭찬에도 인색했다. 연구가 잘 진행되지 않는 학생의 속마음은 나보다 더 애가 탈 것이다. 예전에는 그걸 몰랐다. 칭찬은 학생을 자극하고, 힘들어도 나아갈 힘을 준다.

인하대에서 학생이 하나씩 커가는 걸 보며 내가 무얼 해야 하는지 더욱 확실해졌다. 학자가 세상에 남기는 건 논문뿐만이 아니다. 오히려 논문보다 더 중요한 것은 사람을 키우는 일이다. 과학에서는 위대한 논문이라고 해도 시간이 지나면 색이 바랜다. 물론 역사에 오랫동안 기억될 논문도 있지만 과학과 공학에서 논문이란 그 전 세대와 다음 세대를 이어주는 디딤돌 역할로 족하다. 독일 인문학자 하랄트 바인리히는《망각의 강 레테 Lethe: Kunst and Kritik des Vergessens》(문학동네, 2004)에서 망각을 자연과학의 특징으로 들었다. 실제로 그렇다. 오래된 논문은 서서히 잊혀간다. 학자는 자신이 밟고 지나온 디딤돌을 오래 기억하지 않는다. 그러나 사람은 다르다. 내게서 배운 학생은 나를 떠나 자신만의 학문을 개척한다. 그렇게 학문은 다음 세대로 전해진다. 물론 가르친 학생 중에서는 학문을 떠나 회사로 간 친구들도 있다. 그러나 그들 역시 그곳에서 자신이 익힌 걸 바탕으로 자신만의 길을 간다. 논문은 잊혀도 내가 가르친 학생들은 영원히 남는다.

  인하대에서 내가 할 일은 분명했다. 사람을 기르는 일, 그것이었다.

22. 무엇을 위해 공부하는가?

: 물리학은 비판적으로 생각하는 태도다

르네 데카르트가 말했다.

"모든 걸 의심하라. De omnibus dubitandum."

그는 또 이렇게 이야기했다.

"나는 생각한다. 그러므로 나는 존재한다. Je pense, donc je suis."

데카르트가 한 말을 온전하게 적으면, "나는 의심한다. 그러므로 나는 생각한다. 그러므로 나는 존재한다"이다. 그는 의심이야말로 모든 지혜의 근원이라고 했다. 요즘은 이걸 비판적 사고라고 표현한다. 과학적 방법의 기틀을 세운 프랜시스 베이컨 Francis Bacon 도 "확신으로 시작하면 의심으로 끝나고, 의심으로 시작하면 확신으로 끝난다"고 말했다. 과학적 방법이 무엇인지는 과학철학에서 오랫동안 논의해 온 주제이지만 "모든 걸 의심하라"는 데카르트의 경구는 여전히 유효하다.

석사과정에 들어와 처음으로 연구하는 학생은 교과서를 공부하듯이 논문을 읽으려고 든다. 교과서에 들어있는 내용은 대부분 실험으로 검증되고 이론이 명확하게 확립된 것들이라 어지간하면 믿을 수 있지만, 때로는 교과서조차도 믿어서는 안 된다. 하물며 논문은 더더욱 믿을 수 없다. 모든 걸 의심하고 비판적인 자세를 견지하는 것, 석사과정 학생이 배워야 할 첫 번째 태도다.

연구란 누구도 범한 적이 없는 열대 우림 속을 걷는 것과 비슷하다고 했다. 그때 우리 앞을 밝히는 등불은 논리다. 앞뒤가 맞아야 하고, 맥락이 통해야 한다. 논리의 비약은 필경 우리를 위험한 길로 들게 한다. 이론은 조심스레 세워야 하고 반드시 실험으로 검증해야 한다. 아무리 멋지고 수학적으로 정교하다고 해도 실험과 틀어지면 그 이론은 파기된다. 혹독한 검증을 거친 이론만이 살아남지만 논리는 우리 앞에 놓인 장애물을 피할 거의 유일한 무기다. 학생은 석사과정과 박사과정을 거치면서 연구에 필요한 최신 기술을 익히고 논문을 쓰고 학술회의에서 발표하고 논쟁하면서 알게 모르게 논리의 힘을 갖춘다.

박사과정 동안 넘기 힘들 것 같았던 벽을 넘으며 학생은 다뤄야 할 문제의 핵심을 빨리 파악하고 해결하는 능력을 얻는다. 짧게 말하면, 문제 해결 능력이다. 이 세 가지를 갖춘 사람은 학계에 남든 회사로 가든 그곳에서 꼭 필요한 사람이 될 수 있는 기본을 갖췄다고 할 수 있다.

∗

독일에서 이론물리학으로 석사학위를 마친 학생들은 대체로 박사과정에 진학했다. 그러나 그들 중에서 졸업한 뒤에 박사후연구원이 된 사람은 한 손에 꼽을 정도밖에 되지 않았다. 박사학위를 받은 사람들 대부분은 컨설팅 회사나 은행, 프로그램 개발 회사로 갔다. 박사과정 때 미분기하학 수강을 추천해 줬던 독일 친구 안드레아스도 컨설팅 회사로 갔다. 그는 나중에 그 회사의 파트너가 되었다. 안드레아스는 컨설팅 회사에서 하는 일 중에는 회사의 전략을 새로 짜거나, 사업을 확장하기 전에 데이터를 모으고 분석하는 작업도 있다고 했다. 연구할 때만큼 어려운 수학을 쓰지는 않지만 상황을 비판적으로 해석하고 분석하는 일은 연구와 별반 다를 게 없다고 했다.

그래서 물리학을 전공한 이들의 강점이 뚜렷이 드러난다고 했다.

독일에서 박사후연구원으로 지낼 때 친하게 지내던 역사학 전공 박사과정 학생이 있었다. 하루는 그가 이렇게 말했다.

"이렇게 힘들게 공부했는데도 교수가 되지 못한다면, 가지고 있는 책을 모두 불살라 버릴 거예요."

오직 교수가 되기 위해 공부하는 것이라면 공부가 딱히 재미있을 이유가 없다. 우리는 무얼 위해 공부하는 것일까? 앞서 이미 이야기했지만 무언가를 알아가는 것이 재미있어서 계속 공부했다. 재미있으니 더 열심히 연구했다. 그러다 보니 논문도 많이 썼고, 경력을 쌓아 교수가 된 것이지 오직 교수가 되겠다는 일념으로 공부한 것은 아니다. 공부를 많이 했지만 교수가 못 된다고 해서 나의 세상이 끝나는 것일까? 무엇이 되는가보다 무엇을 할 것인가가 훨씬 중요하다. 세상은 공부 외에도 할 수 있는 일이 많다. 요즘처럼 대학이 직장으로서 가진 매력이 예전에 비해 대폭 감소했다는 걸 고려하면 더욱 그렇다. 회사로 간 독일 친구들은 대부분 자기가 선택한 직장에 만족했다.

대학원에서 석사과정을 마치면 계속 공부할 것인지 취직할 것인지 결정할 순간이 온다. 박사학위를 받은 뒤에도 마찬가지다. 대학원에 다니는 동안에도 선택할 수 있다. 연구는 내가 갈 길이 아니라는 판단이 서면 대학원을 중도에 그만둘 수도 있다. 학위를 받기 전에 공부를 포기한다고 인생에서 실패한 건 아니다. 스스로 내린 결정이 옳다고 여긴다면 후회 없이 대학원을 그만두면 된다. 자기가 꼭 하고 싶은 일을 하면서 사는 것보다 더 중요한 게 있을까? 세상은 대학원과 비교할 수 없을 만큼 넓고, 공부나 연구가 아니더라도 할 일은 많다.

*

대학원을 중도에 포기한 학생이 있었다. 그는 내가 가르쳤던 학부 상대성이론 과목에서 가장 뛰어난 성적을 거뒀다. 지금까지 내가 만난 제자 중에서는 가장 집요했다. 자기가 좋아하는 과목이나 주제는 완벽하게 이해될 때까지 매달렸다. 학부를 졸업한 뒤에 내 연구실에 와서도 마찬가지였다. 그의 성향을 이해한 뒤에는 그에게 제법 어려운 연구 주제를 내줬다. 집요한 그에게 중요한 건 연구의 난도가 아니라 주제가 재미있느냐였다. 흥미만 느낄 수 있다면, 온 힘을 기울여 계산에 뛰어들 친구였다.

그에게는 어릴 때부터 마음에 품은 꿈이 하나 있었다. 대학원에 와서도 그 꿈을 좇을지 아니면 공부를 계속할지 고민하고 있었다. 하루는 내 연구실로 찾아와서 면담을 신청했다. 그는 내게 속마음을 털어놓았다.

"제 꿈은 원래 유튜버가 되는 것이었어요. 그래서 대학원을 그만두고 유튜브 방송을 시작하려고 해요."

"무얼 주제로 유튜브 방송을 하고 싶은데?"

"메이플스토리라는 게임이 있어요. 거기에 나오는 미션을 쉽게 통과하는 법을 유튜브로 꼭 제작해 보고 싶습니다. 초등학교 때부터 하고 싶었던 일이에요. 부모님도 허락하셨어요."

부모님이 허락하셨는데 내가 반대할 이유는 없었다. 이왕 시작하는 것이니, 열심히 하라고 격려했다. 그제야 얼굴이 환히 밝아졌다.

"1년 동안 최선을 다해서 해보겠습니다. 만약에 실패하면 대학원에 다시 와서 뒤도 돌아보지 않고 연구에 매진하겠습니다."

그 말을 마지막으로 그는 연구실을 떠나 다시 돌아오지 않았다.

몇 년 후, 학생들에게서 그 친구가 '파원'이라 불리는 유명한 유튜버가 되었다는 말을 들었다. 인터넷에서 검색을 해봤다. 과연 파원이라는 유튜버를 쉽게 찾을 수 있었다. 구독자 수가 삼만 명이 넘었고 유튜브 조회수도 천만을 넘어갔다. 파원이라는 별칭이 물리에서 왔다는 것도 알았다. 파동의 원천을 뜻했다. 메이플스토리 게이머들 사이에서 그는 이미 유명 인사였다. 그는 그렇게 자기 꿈을 찾아갔다.

*

주현은 내가 인하대에서 학생들을 가르치기 시작한 지 채 한 학기가 지나지 않았을 때 내 연구실에 들어온 학부 학생이었다. 그가 연구실에 들어온 건 딱히 공부에 뜻이 있어서가 아니었다. 학기 초에 사물함을 신청하지 않았던 터라 전공책을 연구실에 두고 싶었던 게 이유였다. 그는 처음부터 실용적인 친구였다.

주현에게는 남들에 비해 특별한 점이 있었다. 보통 공부를 잘한다고 꼭 연구에 두각을 드러내지는 않는다. 한편 학점은 조금 처져도 연구를 특별나게 잘하는 친구도 있다. 주현이 그랬다. 그는 연구실에서 지내면서 공부에 점점 흥미를 느꼈다. 3학년이 거의 끝나갈 즈음, 주현에게 "이제 연구에 필요한 기초 공부를 마쳤으니, 진짜로 연구해 보자" 하면서 연구 주제를 내줬다. 그가 할 일은 핵물질 내부에서 양성자의 성질이 어떻게 변하는지 계산하는 것이었다. 사용할 방법은 내가 석사과정 때 연구했던 스컴 모형보다 복잡한 이론이었으니, 학부생이 해내기에는 버거운 연구 주제였다.

주현은 우선 연구에 필요한 이론을 배웠다. 그 후로는 혼자서 프로그램을 짜며 연구를 제법 잘 해냈다. 한 번씩 학생 연구실에 들어가 보면, 주현은 컴퓨터 화면을 들여다보며 머리를 박박 긁기도 하고 한숨을 내쉬기도 했다. 석사과정 학생이 겪을 벽을 주현은 학부 때부터 미리 경험한 셈이었다. 그러나 주현에게는 남다른 점이 있었다. 문제가 생기면 반드시 해결하고야 말겠다는 의지로 넘쳤다. 천성이 낙관적이라 벽을 만날 때 느끼는 스트레스도 별로 크지 않았다. 덕분에 주현은 석사과정을 마치기 전에 국제적인 저널에 논문을 출판했다. 박사학위를 마친 뒤 주현을 다시 만났을 때 그는 이렇게 말했다.

"연구는 교과서와 달리 뻔한 내용이 없어 좋았어요."

연구가 재미있어서였을까, 주현은 깊이 고민하지 않고 박사과정에 진학했다. 그랬던 그에게도 위기가 닥쳐왔다. 매일 똑같은 날들이 반복되는 게 지겨워졌다. 하루는 내게 와서 이렇게 말했다.

"교수님, 연구실에서 나가 회사에 취직할까 합니다."

연구실에 있던 학부생이나 석사과정 학생이 그만두고 나가겠다고 하면 학생의 선택이니 존중해 주는 게 옳지만, 주현에게 필요한 건 그게 아니었다. 그는 박사과정도 큰 어려움 없이 끝낼 수 있을 만큼 연구를 잘했다. 그래서 한 번은 말려야 되겠다고 생각했다. 그래서 주현에게 농담을 섞어서 이렇게 말했다.

"주현 씨, 지금 그만두기에는 우리 조직에 발을 너무 깊이 들였어요."

그 말에 주현은 멋쩍은 듯 웃었다. 이어서 지금 그만두지 말고 박사학위까지는 지겨운 걸 잘 참아보라고 했다. 박사학위가 있으면 취직하는 데에도 크게 도움이 되니 계속 공부하는 게 더 낫다고 조언했다.

"주현 씨 정도면, 유럽으로 유학 가는 데 충분할 만큼 논문도 썼으니 박사과정을 그만둘 바에야 차라리 유학 가세요."

주현은 다시 열심히 하겠다고 대답하고 연구실에서 나갔다.

나는 독일과 오스트리아의 아는 교수들에게 연락했다. 오스트리아 그라츠 대학에서 주현에게 관심을 보였다. 오스트리아의 자유로운 분위기도 주현의 성향과 잘 맞을 것 같았다. 그는 그라츠 대학의 교수 두 명과 온라인 면접을 봤다. 그때만 해도 주현의 영어 실력이 짧아 약간의 어려움은 있었지만, 결국 무난히 합격했다.

유럽으로 간 주현은 수족관에서 바다로 풀려난 돌고래처럼 지냈다. 그곳 친구를 많이 사귀면서 유럽의 문화를 익혔다. 박사과정 2년 차에는 오스트리아 정부의 지원을 받아 한 학기 동안 포르투갈 리스본 대학에 연수생으로 가 오스트리아와는 또 다른 유럽의 분위기에 젖어 지냈다. 연구도 열심히 했던 터라 오스트리아에 간 지 4년 만에 박사학위를 받았다.

한국으로 돌아온 주현은 내게 이렇게 말했다.

"물리학은 충분히 했으니, 이제 회사에서 일해보고 싶습니다."

주현은 내게 이론물리학이 정말 재미있었지만 박사학위 후에도 비정규직으로 오랫동안 일해야 하고 정규직을 얻을 가망도 희박해 보여 불안했다고 말했다. 그렇게 사는 것보다 자기가 좋아하는 걸 하며 살고 싶다고 했다. 그렇게 주현은 삼성전기에 취직했다.

회사로 간 주현은 고등학교 때 좋아했던 록 음악을 들으러 해외 록 페스티벌에 참여도 하고 산길을 달리는 트레일 러닝 대회에도 나가고 주말에는 혼자 캠핑도 다니며 재미있게 지낸다. 그러면서 이론물리학자에게 회사 생활은 이중적이라고 말했다. 회사의 업무를 무척 빠르게 파악하고 전체를 조망하는 일에 능해 맡은 임무는 잘 해내지만, 다른 한편으로는 혼자서 오랫동안 연구했던 탓에 조직 생활에 익숙하지 않아 한 번씩 힘들다고 했다. 그래도 회사 일이 끝난 다음에 자기가 원하는 걸 마음껏 할 수 있으니 만족한다고 했다. 물리학을 했으므로 회사에서 남들과 다른 시각으로 문제를 볼 수 있는 게 가장 좋다고 했다. 그래서 만약에 다시 태어난다 해도 자기는 물리학을 선택할 거라고 했다.

박사학위를 받았다고 해서 꼭 학계에 남을 필요도 없고 꼭 교수가 될 이유도 없다. 물리학을 공부하면서 익히는 건 물리학의 내용이 아니라 비판적으로 생각하는 태도다. 남들이 옳다고 말한다고 그대로 받아들이지 않는다. 우선은 의심하고 그 내용을 온전히 이해한 후에 옳고 그름을 스스로 판단한다. 그다음 터득하는 것은 논리적인 사고를 할 줄 아는 일이다. 그러므로 물리학을 제대로 공부한 사람에게 세상은 넓고, 할 일도 많고, 선택할 길은 널려 있다.

  한 사람의 인생에서 가장 중요한 것은 내가 하고 싶은 일을 하고, 가고 싶은 길을 가는 것이다.

23. 사람은 변하지 않는다?
: 잠재력이 스스로 날개를 펴는 순간

사람은 쉽게 변하지 않는다. 숙습난방宿習難防이라는 말이 있다. 습관이 되어버린 것은 바꾸기 힘들다는 말이다. 결심한 뒤에 열정을 다해 시작해도 며칠 지나면 시들해진다. 오늘부터 열심히 공부하겠다고 결심한 뒤에 책상 앞에 앉아 책을 펼치면, 생각보다 집중이 안 되니 얼마 지나지 않아 다시 게을러진다. 이내 낙심하게 되고 자신을 스스로 변화시키는 건 요원하게만 보인다.

그렇다면 사람은 정말 변하지 않는 걸까? 변화를 방해하는 건 게으름이다. 사람의 본성은 편한 걸 좋아한다. 일하거나 공부하는 것보다 노는 게 더 편하다. 우리는 천성적으로 게으른

쪽을 선호한다. 게을러지면 생각도 마찬가지로 게을러진다. 옳고 그름을 따지는 것보다 본능이 선호하는 쪽으로 생각이 기운다. 그걸 반복하다 보면 마치 머릿속 뉴런의 잔가지 다발들은 모두 죽고 굵은 가지 하나만 남은 듯, 외부 자극에 대해 오직 한 가지 반응만을 보인다. 결국 더 나은 판단을 내리지 못하게 되고 삶은 안 좋게 흘러간다.

희진은 고등학교 때부터 물리를 잘했다. 때로는 무언가 잘한다고 믿으면 스스로 발목이 잡힌다. 학부 1학년 때 배우는 일반물리학은 조금만 공부해도 성적이 잘 나왔다. 2학년 때 들은 전공과목들도 마찬가지였다. 족보를 보고 조금만 공부해도 성적이 적당히 잘 나왔으니 딱히 공부를 열심히 할 이유가 없어 보였다. 3학년 때부터는 본격적으로 게으르게 지내기 시작했다. 부산을 떠나 외지에서 혼자 지내니까 간섭하는 사람도 없었던 것도 한몫했다. 희진의 친구들은 농담 삼아 이렇게 말하곤 했다.

"너처럼 게으르게 지내는 친구는 갱생이 필요해. 김현철 교수 연구실에 들어가 인턴 학생이 되는 건 어때? 요즘 CK21인가 하는 정부 지원 사업 덕에 학부 인턴에게 장학금도 준다고 하던데."

희진은 장학금이라는 말에 귀가 솔깃해졌다.

*

희진은 3학년 2학기 때 내게 찾아와서 연구실에 들어오고 싶다고 말했다. 나는 희진의 실력을 알아볼 요량으로 칠판에 양자역학 문제를 하나 냈다. 교과서에 나오는 조화진동자의 에너지와 고유상태를 구하는, 간단한 문제였다. 칠판 앞에 선 희진은 문제를 못 풀어 쩔쩔맸다. 족보만 보고 공부해서 좋은 학점은 받았지만, 정작 교과서에 나오는 쉬운 문제조차 못 풀었다. 학점이 좋다고 공부를 잘하는 건 아니다. 시험 문제로 책에 있는 문제를 그대로 내면 학생의 숨은 실력을 가늠할 수 없다. 칠판 앞에서 희진에게 귀띔을 해주며 문제를 다 풀 때까지 도와준 뒤에 말했다.

"양자역학 실력이 형편없네. 그래서야 이론물리학을 잘할 수 있을까?"

희진은 연구실에 들어오면 열심히 하겠다고 했다. 이번에도 게으르지 말고 오만하지 말라는 두 가지 약속을 받고 연구실에 들어오는 걸 허락했다. 그러나 희진은 첫 번째 약속을 어겼다.

희진이 졸업할 즈음, 희진의 부모님은 그가 취직하길 원했지만 딱히 강요하진 않았다. 희진은 별다른 생각 없이 석사과정에 진학했다. 석사과정에 들어와서 양자장론 세미나에 본격적으로 참여했다. 세미나는 학생들끼리 진행했다. 희진은 자기가 준비한 부분을 발표하면서 선배들의 질문 공세를 버텨내지 못했다. 책 한 줄 허투루 읽었다간 어김없이 선배들의 공격이 이어졌다. 희진은 혼자서 공부하는 데 익숙했던 터라 물리학 전공 서적을 어떻게 읽어야 할지, 또 물리학 공부를 어떻게 해야 할지 잘 몰랐다. 선배들의 공격적인 질문에 대답하지 못해 자존심이 상할 대로 상했다.

희진에게는 내가 오래전에 이미 연구한 내용을 확장하는 일을 맡겼다. 이미 내가 만들어 둔 연구 노트와 짜놓은 계산 코드도 있었고, 본인도 양자장론을 어느 정도 아니까 열심히만 하면 6개월 안에 결과를 내리라고 여겼다. 그러나 그건 내 착각이었다. 연구를 시작하는 학생이 반드시 갖춰야 할 자세는 진지함이다. 희진은 마치 학부 때 족보만 보고 공부하듯 연구도 그렇게 했다. 연구란 적당히 해서 끝낼 수 없다. 아무리 연구 노트가 있고 코드가 있어도 하나하나 꼼꼼하게 이해하지 않으면 새로운 연구는 시작조차 할 수 없다.

학부 때 게으르게 지낸 습관이 대학원에 진학해서도 희진을 끌어내리고 있었다. 문제는 능력이 없는 게 아니라 단지 게으른 것이었다. 그 게으름 때문에 희진은 대학원생이라면 절대로 빠져서는 안 되는 악순환에 빠져들었다. 연구에 진지하게 임하지 않으니 재미도 진척도 없었다. 벽을 만나면 치열하게 고민하는 시간을 보내야 했지만 벽을 넘기보다는 회피했다. 벽은 늘 희진 앞에 그대로 서 있었다. 석사과정에 들어온 지 2년이 지났지만 희진은 연구를 마무리 짓지 못했다.

*

잘 따라오지 않는 학생을 지도교수가 도와줘서 대강 졸업시키는 건 오히려 그에게 해가 된다. 시간이 더 걸리더라도 학생 스스로 연구를 끝내게 해야 한다. 더구나 이론물리학에서는 주어진 문제를 혼자서 해결하는 능력이 중요하다. 다른 이와 함께 토론하며 방법을 찾아갈 수는 있지만 문제는 반드시 자신의 힘으로 풀어야 한다. 희진은 2년 만에 석사과정을 끝내지 못하고 5학기를 시작해야 했다. 여느 석사과정 학생이라면 제때 석사학위를 끝내지 못해 애태우기 마련인데, 희진은 여전히 느긋해 보였다. 한 번씩 학생들과 토론하려고 학생

연구실에 가면 희진의 자리는 비어 있기 일쑤였다. 그러나 정작 희진은 느긋한 게 아니라 무기력과 우울함에 곪아가고 있었다.

석사과정 5학기가 되어서 희진은 결과를 내게 가져왔지만, 신통치 못했다. 그렇게 석사과정 6학기에 접어들었다. 2018년 9월, 나는 일본 원자력 연구소에 있는 고등과학연구센터의 초청을 받아 그곳에서 6개월 동안 지내기로 했다. 내가 없는 동안 학생들이 연구를 잘하고 있을지 안심이 되지 않아 대학원생들을 한 달씩 번갈아 가며 일본에 다녀가게 했다. 희진도 마찬가지였다. 이 상태로 계속 가다간 희진은 3년이 지나도 석사과정을 끝내지 못할 판이었다. 어느 날 아침, 희진을 불러 함께 커피를 마시며 이야기했다.

"너는 마음먹고 하기만 하면 정말 잘할 것 같은데 전혀 진척이 없으니 내 마음이 참 답답하구나."

희진은 희미하게 웃으며 열심히 하겠다고 대답했다.

희진은 내 말을 듣고 열심히 해볼 생각이 들었지만 생각만으로 현실을 타개하긴 어려웠다. 그렇게 희진은 석사과정에 들어온 지 3년이 지났지만, 연구를 끝내지 못했다. 희진이 한국으로 돌아간 뒤, 무척 걱정되었다. 2019년 새해가 지난 지 5일쯤 되었을 때 희진에게 전화를 걸었다. 어디냐고 물었더니, 부산이라고 대답했다. 매일 밤을 새울 정도로 열심히 해도 모자랄 지경인데 여전히 부산이라니. 화가 머리끝까지 치밀어 올랐다. 그래서 내가 2월 말에 귀국하면 아침 여덟 시부터 밤 열두 시까지 함께 연구할 테니까 마음의 준비를 하라고 했다. 이제 외력이 필요할 때였다.

고통스러운 석사과정 7학기가 시작되었다. 희진은 여전히 무기력을 떨쳐내지 못했지만, 매일 아침 여덟 시에 나와야 했다. 이제 벼랑 끝까지 몰린 셈이었다. 연구실에 희진이 보이지 않으면 곧바로 전화를 걸었다. 내가 열 시쯤 퇴근한 뒤에도 희진은 연구실에 남아 계속 연구했다. 퇴근해서도 한 번씩 희진에게 잘하고 있는지 전화를 걸었다.

하루도 빠짐없이 연구에 시간을 들이자 희진도 서서히 바뀌기 시작했다. 사람의 능력은 대체로 도긴개긴이다. 내가 결심하고 도서관에서 공부를 시작했을 때 맨 처음 맞닥뜨린 건 졸음과 싸움이었다. 희진도 그랬을 것이다. 처음에는 이해가 되지 않았을 테고 코드를 다루는 일도 힘에 겨웠을 것이다. 그러나 매일 시간을 들이고 고민하면 머리가 서서히 깨어난다.

희진이 연구에 몰입하면서 진척이 없던 연구도 조금씩 자리를 잡아갔다. 연구하다 어려운 문제가 생기거나 중간 결과를 얻으면 희진은 내 연구실에 찾아왔다. 이제야 정상적인 석사과정 학생 같았다. 비로소 게으름에서 완전히 벗어난 듯 눈빛도 달라지고 목소리도 달라졌다. 그렇게 9개월 동안 하루도 쉼 없이 연구에 매진한 희진은 드디어 마지막 결과를 얻었고 국제적인 저널에 논문을 출판했다.

대학원생이 생애 첫 논문을 출판하면 항상 학교 근처에 있는 소고기 식당에 가서 학생들과 함께 축하 파티를 열었다. 희진에게도 드디어 축하받을 시간이 왔다. 모두 잔을 들고 건배할 때마다 희진을 위하여 "논문 출판, 축하해!"를 외쳤다. 나는 모인 학생들에게 말했다.

"우리 아이 희진이가 달라졌어요!"

희진도 좋은지 활짝 웃으며 잔을 높이 들었다.

정말이지 희진은 달라졌다. 그러나 게으름은 패배한 듯 보여도 언젠가 다시 고개를 빳빳이 쳐들지 모른다. 하루는 희진을 불러 재차 조언했다.

"다시는 예전으로 돌아가선 안 돼. 이제 앞으로 나아가기 시작했으니, 네가 게으름에서 영원히 놓여났으면 좋겠어."

*

 비록 석사학위를 마치기까지 4년이 걸렸지만, 희진은 자신이 회사에 가는 것보다 연구가 더 적성에 맞는다는 걸 깨달았다. 박사과정에 들어와서는 완전히 달라졌다. 그렇게 6개월이 지났을 때 샘슨 클라임튼이라는 뛰어난 학생이 인도네시아 국립대학에서 석사학위를 마치고 한국 정부 장학금을 지원받아 내 연구실로 왔다. 희진에게도 희소식이었다. 박사과정에서는 제법 큰 주제를 독립적으로 연구해야 하므로 비슷한 연구를 하는 학생들끼리 짝을 지어줬다. 초반에는 희진과 샘슨이 서로 토론하고 함께 연구하며 어려운 문제를 해결해 갔다. 그러나 중반부터는 가능하면 혼자서 문제 해결 능력을 기르는 것이 중요하다. 박사과정에서 목표는 학생이 독립적인 연구자로 커가도록 돕는 것이다. 혼자서 연구하고 논문 쓰고, 국제학술회의에서 발표하는 훈련을 반복해야 한다. 석사과정 희진과 박사과정 희진은 완전히 다른 사람이었다.

 박사과정 3년 차가 되었을 때 희진에게 말했다.

 "이번에 일본에 다녀오면서 좋은 아이디어가 하나 떠올랐는데, 네가 한번 연구해 보는 게 어떨까?"

 한동안 학계를 뜨겁게 달궜던 이상한 입자를 두 입자가 서로 약하게 결합한 상태로 보고 그 성질을 기술하는 연구였다. 희진은 그렇게 하겠다고 말했다. 그는 내가 말한 연구 주제에 관한 논문을 혼자서 찾아보고 혼자서 이론을 세워 계산하고, 혼자서 계산 코드까지 만들어 수치 해석까지 한 다음 최종 결과를 내게 가져왔다. 내가 한 일이라고는 중간중간 함께 토론한 게 전부였다. 논문 초고도 혼자서 썼다. 원고를 내게 주면 수정할 부분을 일러줬다. 희진은 지적한 부분을 반영해 다시 고쳐 왔다. 논문 원고는 희진과 나 사이를 오가며 점점 완성도가 높아졌다. 이번에도 논문은 국제적인 저널에 실렸다. 박사 과정 4년 차에 이르러 희진은 혼자서 독립적으로 연구할 수 있는 능력을 갖췄음을 스스로 증명했다.

게으름의 독소는 한 사람을 무기력하게 만들 정도로 독하지만, 그렇다고 변화할 수 없는 건 아니다. 나쁜 습관은 쉽게 바뀌지 않지만 거기서 벗어나는 게 불가능한 일은 아니다. 우선은 게으름에서 벗어날 결심을 하고 그날부터 행동으로 옮기면 된다. 변화의 핵심은 하루를 중요하게 여기는 것에서 온다. 변화된 하루가 모여 일주일이 되고, 한 달, 일 년이 된다. 중간에 한두 번 좌절했다고 영원히 실패하는 게 아니다. 깨닫는 순간부터 다시 시작하면 된다. 희진은 그것이 가능함을 증명해 냈다.

학생의 잠재력이 깨어나 스스로 날개를 펴는 순간은 언제나 가슴을 뭉클하게 한다. 희진이 처음도 마지막도 아니었다.

24. 숨마 쿰 라우데
: 모든 변화는 한 사람부터

수학에서 어떤 정리가 거짓임을 보이는 데에는 반례가 딱 하나만 있으면 된다. 독일에서 3년 만에 박사학위를 받는 것은 불가능하다는 말이 틀렸음을 증명하려면, 3년 만에 박사과정을 끝낸 사람을 찾으면 된다. 수학을 공부하고 싶은 사람들을 위해 유튜브로 수학을 가르치는 수학 교수 한 분이 이런 말을 했다.

"이십 대 청년 중에서 수학이나 이론물리학을 전공하려면 수능 성적 기준으로 상위 다섯 개 대학 중 하나를 나와야 된다고 믿는 이들이 제법 됩니다."

최민식 배우가 천재 수학자 이학성 역을 맡은 영화 〈이상한 나라의 수학자〉에서 이학성은 고등학생 한지우에게 수학을 잘하려면 무엇이 제일 중요한지 아냐고 묻는다.

"수학을 잘하려면 제일 중요한 게 뭔지 아니? 용기. 문제가 안 풀릴 때마다 '야 이거 문제 참 어렵구나. 내일 아침에 다시 한번 풀어봐야 되겠구나'하는 여유로운 마음, 그게 수학적 용기다."

물론 수학자나 이론물리학자 중에서 천재가 없었던 건 아니다. 그러나 천재가 아니더라도 필즈상을 받고 노벨 물리학상을 받는다. 그리고 수능 성적이 좋다는 건 단지 고등학교 때 성실했다는 징표이므로 그 성실함을 꾸준히 이어간다면 수학자나 이론물리학자가 될 수 있다. 그러나 뒤늦게 수학이나 물리학이 좋아서 공부를 시작한 사람도 성실하게 꾸준히 공부하면 수학자나 이론물리학자가 될 수 있다.

수학 교수의 말을 들었을 때 가장 먼저 떠오른 사람은 김준영 박사였다. 준영은 성실했다. 전공과목을 부지런히 들어 학점이 잘 나온 덕에 학부를 3년 만에 졸업했다. 내가 준영을 처음 만난 건 3학년 2학기 때 상대성이론 과목을 가르치면서였다. 그는 상대성이론 강의를 들으며 대학에 와서 처음으로 충격을 경험했다. 전공 선택이라 숙제도 많이 내지 않았지만, 일반상대성이론에서 나오는 새로운 수학과 매주 나가는 진도가 버겁기만 했다. 다른 과목은 손쉽게 A+를 받았지만, 아쉽게도 상대성이론은 B+를 받았다. 준영은 그때 자신의 공부 방법이 잘못되었다는 걸 깨달았다.

3학년이 끝나갈 즈음 준영은 내 연구실에 들어오고 싶다고 말했다. 군대를 아직 갔다 오지 않았지만 대학원에 들어오고 싶어 했다. 그때 연구실 선배였던 현동이 대학원에서 연구에 집중하려면 군대부터 다녀오는 게 좋다고 조언해 줬다. 준영은 한참 망설이고 나서 대학원에 입학하자마자 군 복무를 하러 연구실을 떠났다.

군 복무가 끝날 즈음 준영에게서 전자메일이 왔다.

"교수님, 저는 집안 형편 때문에 석사과정을 1년 만에 끝냈으면 합니다."

학부를 3년 만에 끝냈으니 석사과정도 1년 만에 끝내고 싶은 마음이 들었을 것이다. 그러나 연구란 공부와 달리 1년 동안 열심히 해서 끝낼 수 있는 게 아니었다. 그래서 이렇게 답장했다.

"준영 씨, 석사과정은 그저 수업만 듣고 학점만 따서 끝낼 수 있는 게 아닙니다. 일단 군 복무를 마친 뒤에 함께 이야기해 봅시다."

군대를 마치고 복학한 준영은 연구실로 들어왔다. 그리고 대학원 선배들과 함께 양자장론 세미나를 시작했다. 세미나를 열심히 준비해서 발표했지만, 그때마다 선배들의 거친 공격이 이어졌다. 어찌나 공격적이었던지 세미나를 할 때마다 마음에 상처를 입을 정도였다. 교과서에 나오는 식과 글의 행간을 파악하지 못했다. 그저 생각 없이 읽고 지나갔는데, 뒤돌아보니 무척이나 중요한 내용이었다. 준영은 서서히 공부하는 방법을 깨쳐 갔다.

*

준영이 대학원에 입학할 즈음, 나는 양길석 교수와 함께 무거운 중입자를 기술할 수 있는 이론을 개발했다. 무거운 중입자란 양성자와 비슷하지만, 양성자 내부에 든 위쿼크나 아래 쿼크보다 무거운 맵시쿼크나 바닥쿼크가 하나 들어 있어 양성자보다 훨씬 무거운 입자다.

석사과정 학생에게는 제법 힘든 주제였지만, 준영에게 한 번 계산해 보겠느냐고 물었다. 워낙 열심히 하는 친구니 1년 정도면 결과가 나오리라 여겼다. 무거운 중입자의 질량 스펙

트럼을 연구하는 것으로 준영의 석사학위 논문 주제가 정해졌다. 준영은 열심히 공부했지만 연구는 공부와 달랐다. 논문은 한 줄을 제대로 읽기에도 버거웠다. 앞서 이미 이야기했듯이 석사과정 학생이 처음 연구할 때는 일단 계산부터 시작할 필요가 있었다. 모든 걸 다 이해하고 연구하기에는 갈 길이 너무 멀었다.

처음에는 갈피를 못 잡았지만 일단 할 수 있는 계산부터 하면서 연구가 진척되기 시작했다. 준영이 가장 먼저 한 일은 양길석 교수와 내가 2016년에 출판한 논문에 나오는 모든 식을 다시 유도하는 것이었다. 그다음에는 프로그램을 수정해서 무거운 중입자의 질량을 계산했다. 석사과정 학생이 따라가기에 버거웠지만 준영은 꾸준히 매일 한 걸음씩 나아갔다.

그해에 유럽 핵입자 물리 연구소 Conseil Europeen pour la Recherche Nucleaire (CERN)에 있는 대형가속기에서 새로운 입자를 다섯 개나 발견했다. 막심은 새로운 입자의 정체를 설명하려고 나와 미하우에게 연락해서 급하게 연구를 시작했다. 두 사람은 유럽에 있었으므로, 밤낮이 따로 없이 연구했다. 그렇게 해서 다섯 개 입자의 질량과 붕괴폭을 훌륭하게 설명하는 결과를 얻었다. 준영은 내가 막심과 미하우와 함께 밤낮없이 연구하는 모습을 지켜보며 어떻게 연구해야 하는지 어렴풋이 깨달았다.

예상했던 대로 준영은 계산을 시작한 지 1년 남짓 지나 무거운 중입자의 질량 스펙트럼을 모두 구했다. 이제 준영의 시간이었다. 석사학위에 필요한 첫 계산을 끝내면서 연구에 필요한 지식과 계산 능력을 얻었다. 그때쯤 일본에 갈 일이 있었던 나는 떠나기 전에 준영에게 새로운 주제를 내줬다.

"준영 씨, 다음 연구로 무거운 중입자의 전자기 형태인자를 한번 계산해 봐요. 참고할 내 노트랑 프로그램은 공유 폴더 안에 있으니까, 잘 찾아보고."

이론이나 실험이나, 이 무거운 중입자의 전자기 형태인자에 관한 연구는 거의 없었다. 우리보다 앞서 연구한 그룹은 일본에 있는 격자 양자색역학Lattice QCD 그룹밖에 없었다. 세 달쯤 지나 준영은 결과를 내게 가져왔다.

"교수님, 결과가 격자 양자색역학에서 얻은 것과 차이가 좀 납니다."

준영의 결과를 꼼꼼히 살펴봤다. 당연히 두 결과 사이에 차이가 날 수밖에 없었다. 격자 양자색역학에서는 수치 계산에 워낙 시간이 오래 걸리므로 시간을 아끼려고 파이온의 질량을 실험값보다 큰 값을 쓰곤 한다. 그렇게 하면 계산하는 데 걸리는 시간을 대폭 줄일 수 있다. 준영에게 말했다.

"이번에는 격자 양자색역학에서 사용한 파이온의 질량 값을 넣고 다시 계산해 봐. 그러면 결과가 비슷하게 나올 거야."

며칠 후, 준영은 화색이 도는 얼굴로 내 연구실로 왔다.

"교수님 말씀이 맞았습니다. 우리 결과가 래티스(격자 양자색역학) 결과 위를 훑으며 지나갑니다."

그날 준영은 처음으로 이론물리학이 참 재미있다는 걸 느꼈다.

＊

내 연구실에서는 학위 논문의 부록에 자기가 계산한 과정을 모두 적게 한다. 그것은 본인이 스스로 연구한 결과라는 걸 증빙해 주는 것이기도 하고, 후배들이 비슷한 연구를 시작할 때 참고할 자료가 되기도 한다. 준영은 자신이 계산한 과정을 모두 부록에 넣었다. 석사학위 논문으로는 드물게 본문만 100쪽이 넘어갔고 부록은 200쪽을 가뿐히 넘겼다. 그러니까 300쪽이 넘는 석사학위 논문을 쓴 것이었다. 석사과정 동안 그가 얼마나 열심히 연구했는지 보여주는 증거였다. 준영의 잠재력이 서서히 깨어나고 있었다.

준영은 이제 이론을 거의 완벽하게 이해했는지, 계산하는 속도가 엄청나게 빨라졌다. 2018년, 석사과정 때 얻은 결과를 첫 논문으로 출판한 뒤로, 그 해에 국제 학술지에 또 한 편을 실었다. 석사과정을 마치기 전에 중국 구이린에서 열린 국제 학술회의에서 첫 발표를 했다. 그 이듬해에는 다른 학생들과 함께 프랑스 캉에서 열린 학회에 가서 발표했다. 청중의 반응도 좋았다.

박사과정에 입학한 준영에게 독일 정부에서 주는 독일 고등교육진흥원 Deutscher Akademischer Austauschdienst (DAAD) 장학금을 신청하라고 권했다.

"네가 하는 연구는 막심도 관심이 많을 테니까 DAAD 장학금만 받을 수 있으면 막심이랑 함께 연구할 수 있을 거야."

이미 석사학위를 받을 당시에 출판한 논문이 세 편이나 있으니, 어지간한 학생은 준영과 경쟁이 되지 않을 터였다. 준영은 내가 제안한 대로 DAAD 장학금을 신청했고, 면접 대상자로 뽑혔다. 면접에서도 대답을 잘한 준영은 큰 어려움 없이 장학금을 받게 되었다. 장학금을 신청하면서 제출한 연구계획서가 워낙 뛰어나 DAAD에서는 준영의 연구계획서를 표본으로 삼아 지원자들에게 공개해도 되겠느냐며 준영에게 허락을 구했다.

준영은 2019년 10월부터 보훔대에서 박사과정을 시작했는데, 그만 이듬해 초부터 코로나바이러스가 전 세계를 덮쳤다. 독일도 예외가 아니었다. 사태는 점점 심각해졌다. 감염을 차단하기 위해 대학도 문을 닫았다. 준영은 학교도 가지 못하고 집에서 연구해야 했다. 이따금 장 보러 잠깐 외출하는 것 외에는 모든 걸 집에서 해결해야 했다. 앉아서 연구하고, 운동하는 것이 하루 일과의 전부였다. 한 번씩 줌ZOOM으로 준영과 토론했다. 다행히 보훔대에서 하는 연구는 준영이 석사과정 때 했던 주제의 연장선 위에 있었다. 준영은 꾸준히 논문을 출판했다. 지도교수와 논문을 쓰기도 하고, 중국 박사후연구원과 논문을 쓰기도 했다. 그러나 코로나 사태보다 훨씬 충격적인 일이 준영을 기다리고 있었다.

*

코로나 사태가 조금씩 잦아들 무렵인 2021년 8월 25일 수요일이었다. 걷는 걸 좋아했던 막심은 그날도 아내 율리아와 함께 산책하러 나갔다. 막심은 가슴이 답답하다고 하더니 그만 정신을 잃고 쓰러졌다. 심근경색이었다. 그렇게 막심은 쉰다섯의 나이에 세상을 떠났다.

지도교수의 사망 소식을 접한 준영은 가슴이 떨려 아무 일도 할 수 없었다. 눈앞이 캄캄해졌다. 여기서 공부를 접어야 하나, 고민했다. 막심이 갑자기 세상을 떠났다는 소식에 나 또한 슬픔을 가누기 힘들었지만, 혼자 남아 애태우고 있을 준영이 떠올랐다. 급하게 줌으로 준영에게 연락했다.

준영의 얼굴은 석고상처럼 굳어 있었다.

"준영아, 힘들겠지만, 연구소 소장이 지도교수 역할을 대신할 거야. 그리고 나도 자주 연락할 테니, 절대로 공부를 접는 일은 없도록 하자."

준영은 힘없는 목소리로 "예, 알겠습니다"라고 했지만, 마음이 놓이지 않았다. 준영의 아버지도 절대로 중도에 공부를 포기하지 말라며 준영을 말렸다. 훗날 준영은 이때 물리학을 그만두려고 했다고 고백했다. 혼자서 박사과정을 마친다는 건 불가능해 보였다. 그러나 코로나 시기라 회사로 가는 것도 여의찮았다. 그는 굳게 결심한 뒤, 연구에 다시 전념했다. 지도교수의 죽음 이후에 정신적으로도 부쩍 성장했다.

2022년 4월, 준영은 학생이었지만 처음으로 혼자서 논문을 썼다. 나는 그의 논문을 교정해 주며 힘내라고 격려했다. 지도교수가 세상을 떠나면서 그에게 남은 건 어려운 상황을 이겨 낼 용기와 끝까지 버티겠다는 의지였다. 준영은 박사학위 심사 전까지 총 열아홉 편의 논문을 출판하였다. 믿기 힘들 만큼 놀라운 결과였다. 독일에서 박사과정을 시작한 지 3년이 채 지나지 않은 2022년 6월 15일, 준영은 박사학위를 받았다. 그것도 독일 학생들도 어지간해서는 받기 힘든 숨마 쿰 라우데 Summa Cum Laude 였다. 숨마 쿰 라우데를 받으려면, 보훔대에 속하지 않은 외부 전문가들에게 심사를 한 번 더 받아야 할 만큼 엄정한 과정을 거친다. 준영은 그렇게 최고 점수로 박사학위를 받았다.

박사학위를 받고 난 뒤, 준영은 큰 어려움 없이 미국 제퍼슨 연구소의 박사후연구원이 되었다. 그곳에서 그는 자신이 하는 연구에서 처음으로 희열을 느꼈다. 드디어 이론물리학자란 무얼 하는 사람들인지 깨달은 것이었다.

준영이 어려움을 극복하며 자기의 길을 스스로 개척해 가는 모습에 가장 영감을 많이 받는 사람들은 후배들이다. 같은 연구실에 속한 학생들 사이에서 일어나는 이런 상호작용은 놀랍다. 한 명이 수준을 높여 놓으면, 모두가 그 수준을 따라

간다. 한 번 높아진 수준은 좀처럼 쉽게 낮아지지 않는다. 석사과정 때 한 연구를 세계적으로 명성 있는 논문집에 출판하는 건 학생들 사이에서 당연한 일이 되었다. 학생 한 명의 잠재력이 활짝 피어난 꽃처럼 만개할 때, 그 주변 사람들의 잠재력도 함께 깨어난다. 이것이 한 사람의 선한 영향력이다.

준영에게서 영향을 많이 받은 석사과정 학생이 있었다. 호연은 준영에게 직접 배우기도 하며 석사과정 때 논문 두 편을 출판하고, 준영처럼 장학금을 받아 유럽에서 공부하기로 결심했다. 그는 독일이 아니라 프랑스를 선택했다. 준영이가 DAAD 장학금을 받았듯이 그는 프랑스 정부 장학금을 받았다. 프랑스 학생도 가기 힘들다는 에콜 폴리테크닉에서 박사과정을 밟고 있다. 박사과정을 시작한 지 채 2년도 되지 않았지만, 이미 여덟 편의 논문을 세계적으로 유명한 논문집에 출판했다.

한 사람의 변화는 다른 사람에게 영향을 미친다. 내가 변혁을 외친다고 세상은 변하지 않는다. 정말 세상이 변하는 걸 보고 싶다면, 나부터 변할 일이다. 내가 변하면, 내 주변이 영향을 받는다. 모든 변화는 한 사람부터 시작한다.

25. 진주가 생겨나기까지
: 중요한 건 포기하지 않는 마음

잠재력은 거저 꽃을 피우지 않는다. 잠재력이 발현되려면, 마치 조개 속에서 진주가 생겨나는 것과 같은 과정을 거쳐야 한다. 진주는 거저 생겨나지 않는다. 어느 날, 껍데기 두 쪽을 지닌 조개 속으로 이물질이 침입한다. 이물질이 속살을 자극하면 조개는 아픔을 느낀다. 조개에게는 이런 이물질에 대처하는 방법이 있다. 우선 조직세포로 진주낭을 만들어 이물질을 감싼다. 그다음에는 이물질을 덮기 위해 탄산칼슘, 그리고 단백질로 이뤄진 콘키올린이라는 물질을 분비한다. 한 번의 과정이 끝났다고 이물질이 주는 아픔이 가시지는 않는다. 조개는 이물질의 존재가 느껴지지 않을 때까지 반복해서 탄산칼

슘과 콘키올린을 내놓는다. 콘키올린은 탄산칼슘이 막을 이루도록 접착제 역할을 한다. 진주층은 점점 두꺼워지고, 마침내 빛을 받으면 영롱한 무지갯빛 광택을 낸다. 이걸 진주광택이라고 부른다.

대학원에 들어온 학생이 커가는 과정도 조개 속 진주가 생겨나는 것과 비슷하다. 학생이 자라려면 자극이 필요하다. 마치 근육을 키우려면 덤벨이나 바벨의 무게를 늘려야 하듯, 학생의 지적 잠재력을 자극할 만한 연구 주제가 필요하다. 연구란 원래 어려운 것이니, 학생에게 충분한 자극이 된다. 인지 신경과학자 대니얼 J. 레비틴은 《음악인류 This Is Your Brain on Music》(와이즈베리, 2022)에서 이렇게 말했다.

"어떤 분야에서든 세계적 수준의 전문가와 연관된 숙련도에 도달하기 위해서는 1만 시간의 연습이 필요하다. 작곡가, 농구선수, 소설가, 피겨스케이터, 콘서트 피아니스트, 체스 선수, 범죄의 대가를 다룬 연구에서 이 1만이라는 숫자는 계속해서 등장한다. 만 시간은 대략 하루 세 시간, 또는 일주일에 20시간씩 10년 동안 연습하는 것과 맞먹는다. 뇌가 진정한 숙련에 필요한 모든 걸 흡수하는 데는 이 정도의 시간이 걸리는 것으로 보인다."

그러니까 전문가가 되려면 적어도 1만 시간을 써야 한다고 말할 수 있다.

*

연습을 많이 해도 전혀 발전이 없는 사람도 있다. 단순히 연습하는 것만으로는 전문가가 될 수 없다. 천재가 아닌 한, 앞선 전문가의 도움을 받으며 연습하는 게 좋다. 이건 헬스장에서 전문 트레이너의 도움을 받는 것과 크게 다를 바 없다. 그리고 정말 전문가가 되려면 오늘 하루를 잘 보내는 게 중요하다. 하루가 쌓여 한 달이 되고, 일 년이 되고 십 년이 된다. 이론물리학자가 되는 것도 별반 다를 게 없다. 하루를 공들여 연구하다 보면, 어느 순간부터 머리가 트인다. 이걸 극적으로 보여준 학생이 있었다.

모르는 학생에게서 메일이 왔다. 연세대에서 석사학위를 마친 서정민이라고 자신을 소개했다. 내 연구실에서 박사과정을 밟고 싶다는 내용이었다. 그래서 내 연구실로 한번 찾아오라고 했다. 처음 만난 정민은 무척 소심해 보였다. 석사 지도교수 밑에서 공부하지 않고 왜 내게 왔느냐고 물었다. 그러자 자기 이야기를 꺼내 놓았다. 석사학위를 받았지만, 제대로 받은 게 아니라고 했다. 그래서 지도교수도 자신을 박사과정 학생으로 받아주지 않았다고 했다. 정민의 수준을 알고 싶어 칠판에 몇 가지 문제를 내줬지만, 잘 풀지 못했다. 그때 정민의 실력은 학부 4학년 실력에도 미치지 못해 보였다. 그러나 공부하겠다는 결심만큼은 확고해 보였다. 정민에게 말했다.

"정민 씨, 지금 실력으로는 박사과정을 시작하기에 무척 부족해 보여요. 정민씨 석사과정 지도교수를 내가 잘 아니까 우선 전화해 본 뒤에 다시 이야기합시다."

정민이 연구실에서 나간 후에 정민의 석사과정 지도교수에게 전화를 걸었다. 그는 정민의 문제점을 자세히 이야기해 줬다. 기초가 너무 없어 학업을 제대로 수행할 능력이 없고, 한번씩 우울증 때문에 힘들어해서 가르치는 데에 어려움이 많았다고 했다. 그래도 가르치고 싶다면, 자기는 상관없다고 말했다.

정민을 다시 연구실로 불렀다.

"박사과정을 시작하기 전에 조건이 있어요. 연세대에서 석사과정을 제대로 하지 않았으니, 우선 석사과정부터 다시 밟는다는 생각으로 함께 공부합시다."

내 말에 정민은 얼굴이 활짝 피어났다.

"네, 그렇게 하겠습니다."

"아직 대학원 입학시험은 보지 않았지만, 연구실에 들어와서 양자장론 세미나에 참석하세요."

정민은 내게 여러 번 고맙다고 말했다. 그러나 연구실 양자장론 세미나의 혹독함을 몰랐던 정민은 세미나에 참석하면서 엄청난 충격을 받았다. 양자장론은 그전에도 공부한 적이 있었지만, 아는 게 전혀 없음을 깨달았다. 선배들과 석사과정 학생들의 공격적인 질문 앞에서 어쩔 줄 몰라 했다. 정민은 지금까지 공부하는 방법을 제대로 익힌 적이 없음을 그때 비로소 깨달았다. 책에 줄을 그으며 읽었지만, 그 내용이 무엇인지 제대로 이해하려고 애쓴 적이 없었다. 그저 책만 읽고 페이지만 넘긴 것이었다. 세미나를 하면서 다른 사람들 앞에서 자신이 무지하다는 사실을 드러내는 게 창피했다. 무엇보다도 선배와 후배의 질문에 대답을 제대로 못 하는 게 몹시 부끄러웠다. 세미나가 있는 토요일은 정민이 우는 날이었다. 때로는 세미나 중에 울기도 하고, 빈 강의실에 앉아 훌쩍거리기도 했다. 내 앞에서도 자주 눈물을 흘렸다. 그때마다 정민을 달래지 않고 오히려 야단을 쳤다.

"나중에 학술회의에서 발표할 때도 울 거야? 우는 건 인제 그만둬! 네가 잘못한 것도 없고, 누가 널 야단친 것도 아니잖아? 마음을 단단히 하고 울음이 나오려고 하면 그 상황을 굳세게 감내해 내겠다고 마음먹어."

그 후에도 정민은 내 앞에서 여러 번 눈물을 흘렸지만, 점점 나아졌다. 토요 세미나 시간은 여전히 두려웠지만, 자기가 이해하지 못한 걸 하나씩 이해해 가면서 '공부는 이렇게 하는 것이구나'를 깨달았다. 대학원에서 공부하면서 처음으로 공부한다는 것이 즐겁다고 느꼈다.

*

정민이 박사과정에 들어온 뒤에 연구 주제를 내주었다. 그러나 정민은 수치 계산을 하는 데 필요한 코딩 경험이 전혀 없었다. 그래서 프로그램 언어도 배워야 했다. 새로운 프로그램 언어를 배울 때 흔히 "Hello, World"를 출력하는 것부터 배운다. 그러나 그렇게 배우기엔 갈 길이 너무 멀다.

프로그램 언어를 가장 빠르게 배우는 방법은 기존에 있는 코드를 이용해서 바로 계산을 시작하는 것이다. 좀 더 빨리 배우려면, 문제가 생길 때마다 물어볼 사람이 있는 게 좋다. 그래서 숭실대의 연구원으로 있던 옛 제자에게 정민을 도와주도록 부탁했다. 그리고 정민이 질문하면, 설명은 친절히 해줘도 정민을 대신해서 코드를 만들어 주는 일은 절대로 없도록 해달라고 신신당부했다.

처음 시작하는 연구는 시간이 오래 걸린다. 새로운 연구를 시작하기 전에 먼저 할 일은 앞선 연구에서 얻은 결과를 빠짐없이 확인하는 것이었다. 앞에서도 말했지만, 그것이 연구의 첫 번째 단계이기도 했다. 정민은 수개월에 걸쳐 다른 사람이 얻은 결과를 하나씩 확인해 갔다. 그러던 어느 날, 정민은 다른 사람이 계산한 결과를 똑같이 얻어내는 데 성공했다. 숫자가 하나씩 맞아떨어지는 것을 확인한 정민은 얼마나 기뻤는지 그길로 화장실에 달려가 혼자서 춤까지 췄다. 이제 화장실은 정민이 우는 곳이 아니라, 오히려 춤추는 곳으로 바뀌어 갈 터였다.

그러나 진짜 연구는 이제부터였다. 지금까지는 답이 있었지만, 이제부터 정민이 걸어가야 할 곳은 아무도 다닌 적이 없는 깊은 숲이었다. 거기에는 가시덤불도 있고, 때로는 커다란 바위가 나타나 길을 막고, 일단 들어가면 한 발을 들어 걸음을 떼기도 힘든 늪이 있는 그런 곳이었다. 정민은 마음이 급했던 탓인지 어쨌든 값을 실험값에 맞추려고만 들었다. 연구란 그저 실험값에 맞추는 게 아니라 이론적으로 모든 과정을 꼼꼼히 이해해 가는 과정이라고 조언했지만, 정민은 마치 주머니 속에 든 동전을 찾듯 주먹구구식으로 연구했다. 한번은 혼날 때가 된 것이었다.

  실수는 할 수 있지만, 똑같은 실수를 매번 반복하는 것은 이미 잘못된 길로 들어섰음을 암시한다. 그렇게 해서는 연구는 정체되고 시간만 소모할 뿐 아무런 진척도 보일 수 없었다. 정민을 연구실로 불러 엄하게 혼을 냈다. 박사과정에 들어와 처음으로 야단을 맞은 정민은 또다시 눈물을 흘렸다. 그래도 어쩔 수 없었다. 본인이 지금 잘못된 길을 가고 있다는 사실을 명확하게 보여줘야 했다. 연구는 무엇보다 이해하는 것이 우선이고, 체계적으로 진행해야 한다.

  박사과정에 들어온 지 2년 가까이 흘렀을 때 정민은 드디어 첫 연구를 성공적으로 끝냈다. 꽃들이 활짝 피어나는 봄, 첫 논문을 국제적인 저널에 출판했다. 정민의 속에 숨어 있던 잠재력이 처음으로 꽃망울을 터뜨린 날이었다. 정민의 인생 첫 논문을 축하하기 위해 연구실 학생 모두 소고기 식당으로 갔다. 그러나 정작 주인공이 보이지 않았다. 10분이 지나도 나타나지 않길래 학생들에게 물었다.

"오늘의 주인공은 어디에 간 거야?"

"화장실에 갔는데 여태 나오질 않습니다."

가까운 학생에게 부탁해서 정민이 괜찮은지 화장실에 가보라고 부탁했다. 정민은 얼마 지나지 않아 자리로 돌아왔다. 두 눈에는 눈물이 그렁그렁했다. 왜 그러냐고 물었다.

"첫 논문을 출판하고 나니 만감이 교차해요. 기쁜 것 같기도 하고, 또 한편은 서럽기도 하고요. 이 논문 한 편을 쓰기 위해 참 힘든 2년을 보냈는데, 드디어 해냈다니 정말 기뻤습니다. 그런데 이걸 해내지 못해 그 오랜 시간 동안 힘들었던 게 참 서러웠어요."

정민을 다독거리며 말했다.

"이 논문으로 내 연구실에서 석사학위를 받은 것으로 간주할게."

정민은 눈물을 흘리면서 미소를 지었다. 박사과정 학생이었지만, 이날 비로소 진짜 박사과정을 시작하게 되었다.

∗

박사학위 논문 주제는 앞선 연구 주제와 완전히 달랐다. 배워야 할 이론은 더 어려워졌고, 사용할 프로그램도 더욱 복잡

했다. 프로그램의 크기 또한 무척 커 익히는 데 시간이 많이 들었다. 그러나 정민은 완전히 달라졌다. 첫 번째 연구 때와는 달리 체계적으로 연구할 줄을 알았다. 주제가 무척 이론적이어서 오히려 도전하는 재미가 있다고 했다. 무엇보다도 새로운 물리학을 깨달아 간다는 게 이토록 재미있는 일인 줄 몰랐다. 한 번씩 연구 주제가 어려워 능력의 한계를 뼈저리게 느낀 적도 있었지만, 논문이 하나씩 출판될 때마다 찾아오는 성취감에 비로소 쓸모 있는 사람이 되어간다는 생각이 들었다.

박사과정의 마지막 해, 정민을 늘 지지해 주셨던 어머니께서 오랜 투병 끝에 세상을 떠나셨다. 정민의 인생에서 가장 중요한 시기에 가장 슬픈 일을 겪은 것이었다. 장례식장으로 문상하러 가 정민을 만났다. 그는 장례식장에서 꿋꿋이 상주 노릇을 하고 있었다. 어머니는 오랫동안 몹시 아프셔서 언젠가는 돌아가실 줄 알았다고 했다. 그렇게 잘 울던 친구가 이토록 슬픈 일을 당했으니 그 마음이 오죽 아팠을까. 박사학위를 제때 마칠 수 있을지 걱정도 되었다.

하지만 그것은 기우였다. 연구실로 돌아온 정민은 연구에 더욱 몰입했다. 박사과정 마지막 해에 정민은 논문 네 편을 출판하였다. 그렇게 여섯 편의 논문을 쓰며 박사학위 논문까지 잘 마무리했고 마침내 박사학위를 받았다. 그리고 얼마 지나지 않아 한 국립연구소의 박사후연구원이 되었다.

연말 파티에 정민이 왔다. 어떻게 지내느냐고 묻자, 정민이 뿌듯한 표정을 지으며 대답했다.

"지금까지 살면서 이렇게 행복했던 적이 없어요. 건강을 위해 출퇴근할 때 쓰려고 거금을 들여 자전거도 한 대 샀습니다. 무엇보다 내가 쓸모 있는 사람이 된 것 같아 기뻐요. 열등감도 없어졌고요. 지금 공부하는 핵융합 분야도 아주 재미있습니다, 교수님은 모르시겠지만."

그 말에 나는 소리 내며 웃었다.

∗

스승의 날에 정민에게서 문자가 왔다.

"교수님, 잘 지내시죠? 자주 연락드리고 찾아뵙지 못해서 죄송합니다. 저는 요즘도 코딩으로 고생하고 있지만 이 분야에서 시뮬레이션하는 분들은 코딩을 전문으로 하시는 분들이라 차이가 있어도 박사과정을 시작하는 마음으로 열심히 물어보며 하고 있습니다. 제가 무언가를 할 수 있게 주어진 업무를 완수하는 경험하게 해주시며, 한 번씩 호통치시면서 손수

가르쳐 주신 은혜를 마음 깊이 감사하고 있습니다. 오랜 시간 강박증으로 힘들어 정신적으로 불안정해 공부할 때 효율성이 많이 떨어졌었는데, 스무 해 만에 강박증의 근본 문제를 찾고 마음이 가벼워졌습니다. 이런 문제의 핵심은 제가 다른 사람의 시선에서 벗어나지 못한 것이었는데, 이제는 다른 사람보다 제 내면의 소리에 귀 기울이면서 마음의 짐이 십분의 일로 줄어든 것 같습니다. 저를 마음으로 낳아주신 스승님께 제 삶의 솔직한 이야기도 털어놓게 되네요. 교수님, 감사합니다."

정민은 교수로서 지낸 날들을 돌아보게 했다. 설령 지금은 부족해 보여도 학생에게 하고자 하는 열망이 있다면, 그리고 포기하지 않는다면, 그는 본인이 이루고자 했던 목표에 도달할 수 있다. 내 연구실에 들어오고 싶다고 내게 온 학생을 대할 때 오직 한 가지 원칙은 그에 대한 판단중지였다. 그것이 옳았다는 사실에 마음이 놓인다.

감사의 말

옛 제자들이 없었더라면 이 책은 세상에 나오지 못했을 것이다. 책을 준비하면서 옛제자들의 허락을 받고 인터뷰를 했다. 그들의 이야기를 경청하면서 그들이 겪은 고난과 고통에 마음이 아팠다. 하지만 그것을 이겨낸 집념에 감동했고 때로는 그들의 거침없는 결단에 놀라기도 했다. 주도적으로 자신의 길을 가는 모두의 이야기를 책에 담고 싶었지만, 지면이 충분하지 않았다. 강지영 교수, 김상호 교수, 김준영 박사, 김희진 박사, 남승일 교수, 샘슨 클라임튼 박사, 서정민 박사, 손현동 박사, 심상인 박사, 양길석 교수, 원호연, 이정한 박사, 이제희 박사, 정주현 박사, 최기석 교수, 홍기훈 박사에게 깊이 감사한다. 제자들이야말로 삶을 살아가는 이정표이자 나침반이 되었다. 무엇보다 이 책을 가능케 해준 이들에게 마음 깊이 감사한다.

　내게 물리학을 가르쳐 주신 차동우 교수, 요제프 슈펫 교수,

카를 홀린데 교수에게 깊이 감사드린다. 더는 볼 수 없지만, 인생의 스승이었던 클라우스 괴케 교수, 친구이자 의형제였던 막심 폴야코프 교수에게 깊이 감사드린다. 오랫동안 함께 연구하며 우정을 나눈 미하우 프라샤워비치 교수, 유수프 무사카노프 교수, 울룩벡 약시브 교수, 호사카 아추시 교수에게도 감사한다.

물리학에서 다양성이 지니는 중요성을 연구한 논문들을 소개해 준 동료, 박혜진 교수에게 감사한다. 우연히 인연을 맺어 한 번씩 내게 수학을 가르쳐주며 이 책에 나오는 수학 이야기를 검토해 준 조건희 교수에게 감사한다. 허술한 원고를 꼼꼼히 읽어주며 비판을 아끼지 않은 〈황해문화〉 전성원 편집장에게 감사한다.

마지막으로 책을 쓸 때마다 "사람들에게 유익을 줄 책을 쓰라"며 격려를 아끼지 않았고, 언제나 첫 독자가 되어준 아내 김경에게 깊이 감사한다. 이 책을 쓴 부분적인 이유는 두 딸에게 있다. 오랫동안 연구와 교육에 바빠 제대로 챙겨주지 못한 두 딸에게 미안함과 고마움을 전한다. 유진에게도, 막내 혜진에게도. 이 책이 삶의 어느 순간, 작은 위로가 되어주고 한 걸음 내딛는 데 조용한 응원이 되기를 바란다.

우주의 중심으로 사는 법

초판 1쇄 발행 2025년 10월 30일

지은이 • 김현철

펴낸이 • 박선경
기획/편집 • 이유나, 지혜빈, 민석홍, 연사랑
홍보/마케팅 • 박언경, 김경률
표지 디자인 • 이현정
디자인 제작 • 디자인원(031-941-0991)

펴낸곳 • 도서출판 갈매나무
출판등록 • 2006년 7월 27일 제395-2006-000092호
주소 • 경기도 고양시 일산동구 호수로 358-39 (백석동, 동문타워 I) 808호
전화 • 031)967-5596
팩스 • 031)967-5597
블로그 • blog.naver.com/kevinmanse
이메일 • kevinmanse@naver.com
페이스북 • www.facebook.com/galmaenamu
인스타그램 • www.instagram.com/galmaenamu.pub

ISBN 979-11-91842-97-5/03810
값 18,500원

• 잘못된 책은 구입하신 서점에서 바꾸어드립니다.